CU00798759

# O SGREPAN
# TEITHIWR

GWILYM H. JONES

GWASG PANTYCELYN

Dymuna'r cyhoeddwyr gydnabod cymorth Adrannau Cyngor Llyfrau Cymru.


ISBN: 1-903314-22-4

Cyhoeddwyd ac argraffwyd gan Wasg Pantycelyn, Caernarfon

# Cynnwys

I
Janet a J.O.
am eu ffyddlondeb
ac i Meirion
am ei gyfeillgarwch

# Rhagair

Fel casgliad preifat y bwriadwyd yr hyn sydd yn y gyfrol hon. Y cychwyn oedd i Mari fy ngwraig awgrymu imi gasglu rhai o'm pregethau i'n plant, gan fod y tri ar wasgar a heb gael cyfle i'w clywed.

Wedi i'r cyfan ddod at ei gilydd y daeth y syniad o gyhoeddi. Ond yn ymarhous iawn y cymerais at hynny. Yn un peth nid yw cyhoeddi cyfrol o bregethau yn beth ffasiynol bellach. Yn fwy na hynny nid yw pregethu wedi bod yn rhan ddisgwyliedig o'm swydd ers pymtheg mlynedd ar hugain; o raid felly, fel amatur yn hytrach na phroffesiynol yr ystyriaf fy hun.

Rwy'n ddiolchgar iawn i eraill am wneud cyfrol fel hon yn bosibl:

- Gwasg Pantycelyn am ymgymryd â'r gwaith, a Mrs June Jones a'i staff am bob cymorth;
- Cyngor Llyfrau Cymru am ei nawdd;
- Elgan Davies am lunio'r clawr;
- Mrs Ceinwen Jones am ddarllen y teipysgrif a'm harbed rhag llu o lithriadau a chamgymeriadau.

Am y gyfrol ei hun, fe sbardunwyd y rhan fwyaf o'r traethiadau gan bethau y sylwais arnynt ar deithiau, boed ar wyliau neu gyda'm gwaith. Ond rhaid cyfaddef mai teithiwr cadair esmwyth oeddwn gyda rhifau 10 a 12. Cyfansoddwyd rhai yn benodol ar gyfer achlysuron arbennig – dwy ar gyfer yr Eisteddfod Genedlaethol (rhifau 1 a 15) a dwy ar gyfer Sasiynau, ym Mhwllheli (rhif 6) a Llanidloes (rhif 9).

Gan fod y pregethau hyn yn perthyn i'r cyfnod cyn *Caneuon Ffydd* cedwir rhifau'r emynau yn Llyfr Emynau'r Methodistiaid a'i Atodiad. Ceir eglurhad ar y cyfeiriadau at gyfnod neu amser wrth droi at y dyddiad uwch ben pob pregeth.

Pleser yw cyflwyno'r gyfrol i dri o'm cyfeillion – Janet a J. O. Jones yn y Capel Mawr, Porthaethwy a Meirion Pugh yn y Tabernacl, Rhuthun.

Ebrill 2001                                              Gwilym H. Jones

# 1
# LLANRWST
## (1989)

Y tro diwetha i'r Steddfod fod yn Llanrwst, yn 1951, roedd 'na lawenydd mawr am i fardd ifanc a fagwyd yn y dre ennill y Goron. Yr oedd y diweddar T. Glynne Davies yn fardd newydd y pryd hwnnw, a roedd o'n 'newydd' mewn ystyr arall hefyd. Barn y beirniaid am ei bryddest oedd ei fod o'n "anelu at amgyffrediad newydd o brofiad", a bod ganddo "dechneg newydd i drafod hen brofiadau". Meddai un o'r beirniaid amdano, "Yn ddiddadl wele lais newydd yn nheml barddoniaeth yr eisteddfod". Rhan o wefr eisteddfod '51 oedd darganfod llais newydd.

Yn yr un steddfod roedd 'na gystadleuaeth arall – ysgrifennu traethawd ar gyfraniad Dyffryn Conwy i lenyddiaeth a diwylliant Cymru. Ac fe gafwyd traethawd yn sôn am gyfieithwyr y Beibl, am feirdd yr unfed-ganrif-ar-bymtheg fel Tomos Prys a William Cynwal, am gyfraniad ysgolheigion enwog ac am lysieuwyr, baledwyr a beirdd y ganrif ddiwethaf. Ond er mor frwd y moliannu ar gyfraniad Dyffryn Conwy yn y gorffennol, mae'n berffaith sicr mai gwerth steddfod '51 oedd darganfod y llais newydd. A dyna'r union beth a fyddai'n rhoi bodlonrwydd i chi eisteddfodwyr yr wythnos yma. Fe fydd yn ystod yr wythnos gyfle i edrych ar gyfraniad unigryw bro'r eisteddfod i'n llên a'n diwylliant; mae enwau rhai o gyfranwyr mawr y gorffennol yn amlwg ar y rhaglen. Ond ni fyddai'r un ohonoch yn teimlo ei fod wedi cael steddfod gwerth chweil pe baech chi'n troi adre oddi yma heb wneud mwy na chanmol y gorffennol. Yr hyn yr ydach chi i gyd yn chwilio amdano ydi talent newydd; boed eich diddordeb chi mewn cerdd, barddoniaeth, llên, drama neu gelfyddyd, yr hyn fyddai'n rhoi gwefr ichi'r wythnos yma fyddai clywed llais ffres – gwybod bod 'na rywun wedi cydio yn yr hen grefft a rhoi bywyd newydd ynddi hi, yn medru rhoi'r hen brofiadau mewn dull newydd, yn medru estyn terfynau'r mynegi i fod yn newydd danlli.

A'r hyn sy'n cael ei bwysleisio yn y gwasanaeth yma ydi mai yn y newydd y mae gwefr y bywyd crefyddol hefyd; pan ddaw'r profiad yn newydd y mae o'n fyw ac yn cydio. Ystrydeb bellach ydi dweud mai rhan o'n clefyd crefyddol ni, y tu mewn a'r tu allan i'r eglwysi, ydi bod ein golygon ni o hyd at yn ôl a'n bod ni'n byw ar yr hen draddodiadau. Mae unrhyw un sy'n gweithio'r tu mewn i'r eglwysi'n gwybod mor anodd ydi cael pobl i ganolbwyntio'n realistig ar y presennol; y duedd barod ydi ceisio dihangfa mewn hiraethu am yr hyn a fu. Ac mae 'na lawer o bobl y tu allan i'r eglwysi am eu bod nhw'n gaeth i'r syniad cyfeiliornus a hen-ffasiwn nad oes gennym ni ddiddordeb ond mewn pethau a ddigwyddodd gynt. Yr hyn y carwn i ei bwyseisio yw mai'r presennol newydd ac nid y gorffennol hen sy'n bwysig. Er mor werthfawr ac allweddol ar lawer ystyr ydi'r gorffennol, nid dyma ffocws y bywyd crefyddol; gwneud yr hen brofiad yn newydd fyw sy'n dod â gwefr.

Mae'r geiriau sy'n destun i'r bregeth yma i'w cael yn Eseia 43: 8, 9:

**'Peidiwch â meddwl am y pethau gynt,**
**peidiwch ag aros gyda'r hen hanes.**
**Edrychwch, 'rwyf yn gwneud peth newydd'.**

Ac y mae cyfeirio at Eseia yn rhoi cyfle i wneud un peth yn glir ar y dechrau; nid fy mwriad ydi dilorni'r gorffennol, na bychanu gwerth traddodiad, nac iselhau rhai o'r digwyddiadau allweddol a fu. Doedd Eseia ddim yn gwneud hynny. I'r gwrthwyneb, yn wir. Y proffwyd yma, proffwyd y gaethglud, ydi'r un yn anad neb arall sydd wedi darganfod pwysigrwydd dau ddigwyddiad yn y gorffennol – y creu ar y dechrau a'r syniad o Dduw'r Creawdwr, ac yna y waredigaeth o'r Aifft a'r syniad o Dduw'r Gwaredwr. Ond er mor bwysig y digwyddiadau yna, fe welodd Eseia na ellir aros yn y gorffennol; rhaid gwthio ymlaen, rhaid ymestyn y profiad a'i wireddu yn y presennol. Er mwyn cael y pwyslais ar y presennol a newid y ffocws y mae o'n dweud 'Peidiwch â meddwl am y pethau gynt'. A chofio'r geiriau yna, fe feddyliwn ni am her a sialens y newydd.

**1.** Mae'r cyflwyno yn newydd. Tasg y mae'n rhaid rhoi sylw iddi o hyd ydi sut i gyflwyno'r gwirionedd crefyddol yn fyw ac yn ddealladwy i bobl heddiw. Y mae'n rhaid ceisio dweud y peth yn iaith y presennol; rhaid ymestyn at gyflwyniad newydd a ffres. Y mae profiadau ddoe wedi eu cyflwyno yn iaith ddoe a chyda delweddau ddoe. Pan ddaw profiad ddoe yn brofiad heddiw, rhaid ei gyflwyno yn iaith heddiw.

Llynedd fe gawsom ni Feibl Cymraeg Newydd, Beibl sy'n llawer nes na'r hen at yr iaith a ddefnyddiwn ni heddiw. Ond y mae cyfyngiadau i'r hyn y gellir ei wneud wrth gyfieithu; mae'r iaith i raddau pell wedi ei chyfyngu gan dermau ddoe a chan ddarluniau ddoe. Mae gennym ni dasg llawer iawn anoddach na chyfieithu'r Beibl – sef cyflwyno neges y Beibl yn fentrus newydd. Un peth ydi cyfieithu; mater arall ydi dehongli. A dehongli'r gwirionedd yn ystyrlon newydd ar gyfer heddiw sy'n anodd. Mae cyflwyno'r gwirionedd yn newydd yn golygu mynd y tu ôl i'r iaith a'r darluniau i weld beth ydi'r ystyr a chael at gnewyllyn y gwirionedd,ac wedyn ei gyfleu o mewn iaith a darluniau sy'n golygu rhywbeth heddiw. Mae hi'n broses o ddad-wisgo'r gwirionedd – ei stripio a'i ddinoethi, ac yna ei wisgo o'r newydd yn iaith ein dyddiau ni. Y dasg o hyd ydi gofyn: pe bâi'r hen bobl gynt heb ddewis y geiriau a wnaethon nhw a heb egluro'r neges efo'r darluniau a ddewison nhw, a ninnau'n cael dechrau o'r newydd, sut y buasem ni'n cyflwyno'r neges yn iaith heddiw? Tasg o ail-ddweud ac ail-gyflwyno ydi hi.

Mae hi'n dasg anodd ac yn gofyn am ofal mawr. Oherwydd mae'n rhaid gwneud yn siwr nad ydan ni'n colli dim o wirionedd y cnewyllyn wrth ei gyflwyno mewn iaith newydd. Rhaid diogelu'r cynnwys trwy'r broses yma o stripio ac ail-wisgo, a rhaid gofalu bod holl ystyr y profiad cyntaf yn cael ei gadw yn y dweud newydd. Am fod yna bryderon ynglŷn â'r colli a all ddigwydd yn y broses, nid yw'r rhai sy'n mentro ar ddweud newydd byth yn cael croeso. Y rhan amlaf fe edrychir arnynt fel rhai sy'n dinistrio'r gwirionedd ac yn ei danseilio; cânt eu labedu fel fandaliaid diwinyddol. Agwedd felly a gymrwyd at Esgob Woolwich yn y '60au ac at Esgob Durham yn yr '80au. Beth bynnag yw ein barn am eu casgliadau, y mae'n rhaid sylweddoli eu bod wedi mynd i'r afael â thasg gwbl angen-rheidiol, sef gwisgo o'r newydd; maen nhw wedi trio anghofio'r hen ffordd o ddweud, cydio yn yr ystyr a'i ddweud o mewn ffordd newydd.

Wrth gwrs, mae hi'n llawer mwy cyfforddus gyda'r hen; mae 'na lawer iawn o bobl sy'n teimlo'n fwy diogel a bodlon eu byd wrth glywed yr hen dermau ac ail-adrodd yr hen ymadroddion. Mae 'na rhyw fath o swcwr i'w gael o'r hen. 'Dydyn nhw ddim yn gofyn a ydio'n golygu rhywbeth i rywun arall; waeth heb boeni am gyfleu'r ystyr. Y peth mawr ydi teimlo sicrwydd a chysgod yn yr hen. Mae 'na wrthwynebiad greddfol bron i gyflwyno mewn ffordd anghonfensiynol ac i ddweud mewn ffordd styrblyd o newydd. Dyma'r union styrbio a wnaed gan Iesu pan osododd o'r hyn a glywsoch gynt ar un llaw, a'r hyn yr oedd o'i hun yn ei ddweud mewn gwrthgyferbyniad ar y llaw arall. A'r stori oesol ydi bod pobl yn methu derbyn sialens y newydd.

Dyma'r her y mae'n rhaid ei hwynebu – her y peth newydd-hen sydd am fynnu cael ei gyflwyno mewn ffordd newydd o hyd.

**2.** Mae'r cyfrwng yn newydd. Mae'r gwirionedd crefyddol yn hawlio mwy na chael ei gyflwyno mewn iaith newydd; y mae o hefyd yn gofyn am gael ei fynegi trwy gyfryngau newydd. Ac un o'n hanawsterau mawr ni heddiw ydi'r cyfryngau mynegi sydd gennym ni. Rydan ni wedi etifeddu cyfryngau sydd wedi bod yn eithriadol o effeithiol yn eu dydd ac yn eu cyfnod: y mae gennym ni gapeli ac eglwysi – nifer ohonyn nhw ymhob tre a phentre; mae gennym ni enwadau sydd yn eu dydd wedi diogelu gwahanol agweddau a phwysleisiadau; mae gennym ni nifer penodedig – disymud benodedig – o oedfaon a chyfarfodydd, a hynny'n dilyn patrwm yr ydan ni wedi ei etifeddu. A'r gwir gonest ydi bod y cyfan erbyn hyn wedi mynd yn faich gorthrymus ar ein hadnoddau ni. Araf iawn y mae pobl yn symud i newid, ac y mae'r dadleuon yn erbyn newid yn boenus o undonnog a di-weledigaeth. Dyma rai ohonyn nhw: y mae'r pethau yma'n rhan o'n treftadaeth ni, ac y mae'n rhaid gwarchod ein treftadaeth; y mae'r rhain yn gyfryngau sydd wedi eu profi'n llwyddiannus, ac os oeddan nhw'n ddigon da i'n tadau maen nhw'n ddigon da i ninnau; y mae'r rhain yn gyfryngau sydd wedi eu defnyddio gan Dduw, a phan ddaw Duw eto i weithio'n rymus yng Nghymru fe fydd angen yr hen gyfryngau. Ar sail dadleuon o'r fath fe'i gwnawn yn genhadaeth i gynnal a chadw, i ddiogelu ac i warchod yr hen.

Rydw i'n siwr ein bod ni wedi dod i bwynt erbyn hyn pan mae'n rhaid inni adolygu ein cyfryngau a bod yn barod i'w haddasu a'u mowldio o'r newydd. Rhaid i'r cyfryngau mynegi fod yn addas o ddwy ochr – ochr y neges ac ochr y gwrandawyr. Efallai ein bod ni'n llwyddo gyda'r cyntaf, ond rydan ni'n methu'n druenus gyda'r ail. Un peth ydi cael gwialen dda i bysgota; mater arall ydi cael pluen addas i'r dŵr a dengar i'r pysgod.

Yng nghanol y '60au fe soniodd yr Esgob John Robinson am ddiwygiad newydd ym mywyd yr Eglwys; yr hyn a wnaeth y Diwygiad Protestannaidd gynt oedd rhoi inni sefydliadau eglwysig, ond yr hyn a wna'r diwygiad newydd yw gwneud i ffwrdd â'r sefydliadau a'n gorfodi i ddychwelyd at symlrwydd newydd. Dyma un disgrifiad a fenthyciodd Robinson i wneud ei bwynt:

> "Y mae'n gwbl amlwg bod y sylfeini wedi dechrau crynu, bod craciau llydain yn y muriau, bod y llwch yn disgyn am ben ein duwioldeb; y mae'r hen lwybrau yn doredig ac wedi eu gorchuddio . . . Ac wedi cael gwared o'r hen yr ydym yn gorfod dechrau o'r newydd, yn union fel yr oedd y Cristnogion cynnar hynny yn peintio eu symbolau ar furiau'r catacombs – pysgodyn, y gwinwydd, bara, y Groes a llythrennau enw Crist".

Yr oedd Robinson yn croesawu'r diwygiad newydd fel cyfle i fod yn greadigol ac i lunio cyfryngau addas ar gyfer ein cyfnod ni.

Ddaeth y newid mawr ysgubol ddim yn y '60au, ac yr ydan ni'n dal i lusgo ymlaen yn yr un hen rigolau. Does fawr ddim wedi newid. Felly y misoedd diwethaf dyma Don Cuppitt o Gaergrawnt yn sôn am eglwys y dyfodol: ei phrif nodweddion fydd astudio, hyfforddi a gweithgarwch cymdeithasol, a fydd 'na ddim gweinidogion na dogmâu, dim ond pryd syml o fara a chaws ar y Sul.

Efallai nad ydan ni'n hoffi darluniau John Robinson a Don Cuppitt; fe'u cawn yn rhy chwyldroadol ac yn or-ddinistriol. Ond y maen nhw wedi rhoi eu bys ar rywbeth hynod o bwysig – y mae cyfryngau ddoe fel y defnyddir nhw heddiw yn fethiant, ac y mae'n rhaid inni fod yn arbrofol-fentrus, yn chwyldroadol-greadigol i fowldio patrymau newydd. Does 'na ddim rheidrwydd tragwyddol i gadw'r hen.

**3.** Mae'r cyfle yn newydd. Y mae'r cyfle i gyflwyno'r neges o hyd yn newydd ac yn wahanol, ac y mae addasu ar gyfer y sefyllfa newydd yn rhoi newydd-deb a ffresni i'r neges. Mae'r gym-deithas yn newid o hyd, ac fe ddaw problemau newydd i'w datrys. Waeth inni heb â sefyll yn ein hunfan ac edrych yn ôl at ryw baradwys goll, oherwydd does 'na'r un; a waeth heb ag aros yn ein hunfan a disgwyl i ryw ddinas berffaith ddisgyn o'r nefoedd, oherwydd ddaw hi ddim. Yma'n awr y mae ein cyfle ni. Byd aflonydd, anfodlon, cyfnewidiol ydi'n byd ni, a chyda phob newid fe ddaw cyfres newydd o broblemau. Hynny sy'n rhoi cyfle inni fynegi'r neges o'r newydd; wrth ymdaro â'r byd fel y mae fe ddaw gwedd newydd ar y neges i'r golwg.

Antur greadigol, medd rhywun, ydi byw yn y byd; wrth wynebu'r presennol y mae creu. Does 'na ddim creu wrth edrych yn ôl nac wrth freuddwydio ymlaen. Wrth wynebu'r byd fel y mae y ceir cyfle i godi pontydd – pontydd rhwng ein daliadau crefyddol a'r angen sydd o'n cwmpas ni, pontydd rhwng egwyddorion y ffydd a'r sefyllfa fel y mae. Hynny sy'n rhoi perthnasedd newydd i'r neges Gristnogol.

Wrth gwrs, y mae hi'n llawer haws i ni, ac y mae hi'n llawer esmwythach i'n cymdeithas ni, os gellir ein cadw ni yn y clwystrau i ganu am ogoniannau'r baradwys goll neu i wynfydu ynghylch y ddinas berffaith. Ac fe geisir ein cadw yn y clwystrau gydag amryw esgusion – ein bod yn ymyrryd, ein bod yn camu i fyd nad ydym yn ei ddeall ac yn trafod problemau nad oes gennym ni'r syniad lleiaf am eu cymhlethdod, mai ein gwaith ydi achub eneidiau ac nad oes a wnelom ddim â gwella cymdeithas. Ar y tir yna y lambastiwyd Esgob Durham ac yn ddiweddarach John Vincent, arweinydd y Wesleaid. Ond y mae'n rhaid dweud yn glir na ellir ein gwthio o'r neilltu; nid yma'n syml i adrodd hen, hen hanes yr ydym, ond yma i gyflwyno'r newydd – patrymau newydd, cysylltiadau newydd, pontydd newydd – wrth inni ymateb i broblemau heddiw. Mewn gair, y mae gan anghenion a phroblemau ein cymdeithas rhyw ran mewn llunio rhaglen waith yr Eglwys; nid y gymdeithas sy'n gyfan gwbl gyfrifol am yr agenda, ond y mae a wnelo'r gymdeithas â hi, gan mai ymateb dynamig, creadigol i anghenion pobl yw ein gwaith.

Mae cymdeithas wedi newid ac yn newid yn gyflym. Dyna'r peth a welwyd yn glir wrth i rywun adolygu'r degawd diwethaf yma. Dyma rai o'r newidiadau yn ein safonau a'n gwerthoedd:

- mae pobl yn gyfoethocach ac yn well eu byd, ond yn fwy hunanol a chaled;
- ar y cyfan y mae pobl yn llai hapus, llai gonest a llai goddefgar;
- y mae ansawdd bywyd wedi newid – y strydoedd yn fwy peryglus, yr amgylchfyd yn fwy gwenwynllyd a chymdeithas yn fwy rhanedig;
- y mae rhai o'r 'equations' yn anghywir – gwneud masnach yn gyfystyr â diwylliant a materoliaeth yn gyfystyr â gwarineb;
- y mae'r pwysleisiadau'n anghywir – y pwyslais ar feddiannau yn lle ar fyw, ar dŷ yn lle ar gartref.

Gyda'r newidiadau yma rydym ni fel pe baem ni'n symud i fyd newydd, ac y mae ymateb i'r byd newydd yna yn rhoi gwedd newydd ar ein neges ni.

Gwaith difyr, di-ymdrech ydi aros efo'r hen hanes; ceir esmwythyd pêr, a chysgadrwydd yn y man. Nid dyna'r math o beth yw'r ffydd Gristnogol; mae rhywbeth dynamig-newydd a chreadigol-ffres ynddi. Y mae'n mynnu ei chyflwyno'i hun mewn ffordd sy'n newydd o ran iaith, trwy gyfryngau newydd ac addas i'r rhai sy'n derbyn ac mewn ymateb i'r cyfle a roddir iddi gan gymdeithas sy'n newid o hyd.

Apêl sydd gen i at y rhai sydd yn yr eglwysi a'r rhai sydd o'r tu allan – peidiwch â gwrthod sialens y newydd; peidiwch ag osgoi'r her i fod yn greadigol newydd yn y Gymru sydd ohoni. Mi wn y bydd rhai yn dweud ar ôl y gwasanaeth yma na soniodd y pregethwr fawr ddim am yr Efengyl nac odid ddim am Iesu. Fy ateb i fyddai mynnu bod sôn am beidio ag aros gyda'r hen hanes a throi at y peth newydd wedi ei sylfaenu ar un o golofnau cadarnaf y ffydd Gristnogol .

'Felly, os yw dyn yng Nghrist, y mae'n greadigaeth newydd; aeth yr hen heibio, y mae'r newydd yma'.

✦　✦　✦

Emynau:　127 'Newyddion braf a ddaeth i'n bro'
　　　　　779 'Tydi a wyddost, Iesu mawr'
　　　　　842 'Mawl i Dduw am air y bywyd'
　　　　　867 'O tyred i'n gwraedu, Iesu Da'

Darlleniadau:
　Hen Destament: Eseia 43: 16-21; 48: 3-8,12
　Testament Newydd: Marc 2: 21-22; 2 Corinthiaid 5: 14-20

Gweddi: *Ein Tad, yr hwn wyt yn y nefoedd, gofynnwn i Ti ein helpu ni y munudau yma i feddwl amdanat Ti, ac i aros am funud ynghanol prysurdeb yr wythnos yma i droi atat Ti, sy'n rhoi gwir ystyr i'n byw a'n bod, i ymestyn uwchlaw ein bywyd llawn gweithgarwch a'n hymdrechion dirifedi at yr hyn sy'n rhoi gwir gyflawnder inni, i godi'n uwch na'r pethau sy'n ein rhwystro, ein cyfyngu a'n caethiwo at y Gwir ei Hun.*

*A phan ydan ni'n trio meddwl amdanat Ti, rydan ni yn sylweddoli cymaint o bethau sy'n ein rhwystro ni, ac mor gaeth* ydan ni mewn gwirionedd. Yn un peth rydan ni'n gaeth i'n syniadau ni'n hunain; rydan ni'n cael ein cyfyngu gan derfynau'r meddwl meidrol, ffaeledig yma. Mae arnom ni gywilydd gorfod cydnabod, ein Tad, gymaint o bethau sy'n cyflyru'r ffordd rydan ni'n meddwl, yn agor rhigol ar ein cyfer ni, ac yn ein rhwystro ni rhag symud i gyfeiriad y gwahanol a'r cynhyrfus.

A phan ydan ni'n trio meddwl amdanat Ti, rydan ni'n sylweddoli mor gaeth ydan ni i'n harferion ein hunain. Rhyw fynd yn ôl y patrwm yr ydan ni o hyd, cadw at drefn pethau, cerdded yn yr hen lwybrau. Weithiau, mae'n rhaid inni gydnabod, rydan ni'n teimlo bod y cyfan mor ofnadwy o ddi-ddychymyg a'i fod o'n ein llethu ni. Mae'r patrwm fel pe bai o wedi ei rewi, ac yr ydan ni'n methu gwthio allan i gyfeiriad y gwahanol a'r newydd.

Ac ar yr wythnos yma, pan ydan ni'n ymgynnull fel cenedl, rydan ni'n sylweddoli mor rhyfeddol o gaeth ydan ni i'n doe. Fe wyddom ni'n iawn mor barod ydan ni i edrych dros ysgwydd ac i weld y man gwyn y tu ôl inni. Mae'r hen ogoniannau'n edrych mor llachar, a'r hen gyfranwyr i'n hanes ni yn edrych mor gawraidd. Mewn dyddiau mor ddreng â'r rhain mae hi'n hawdd iawn inni edrych ar yr amser pan oeddat Ti'n cerdded yn drwm yn ein plith ni fel pobl, ac i hynny fynd â'n bryd ni. Weithiau rydan ni'n teimlo ein bod ni'n ymgolli cymaint yn ein doe nes methu delio efo heddiw, yn meddwl cymaint am a fu nes methu gweld y pethau newydd sydd yn dy waith Di.

Ofn sydd arnom ni, ein Tad, bod y rhwystrau yn ein hatal ni – yn ein gwneud ni'n fethiant ac yn peri inni golli ein cyfle. Rydan ni'n teimlo o hyd ein bod ni'n fethiant ynom ni'n hunain – yn methu cyrraedd ein posibiliadau'n llawn, yn byw'n grintach-grebachlyd, yn aml yn ddi-ddychymyg, yn ddi-angor ac ar lefel hunanol-faterol. Mor gwbl groes ydan ni i'r greadigaeth newydd yng Nghrist. Ac fe wyddom ni ein bod ni'n methu cydio yn ein cyfle i gynorthwyo'r gymdeithas yr ydan ni'n byw ynddi – y gymdeithas ranedig yma, y gymdeithas ffyniannus-faterol, y gymdeithas sydd fel pe'n crefu am gael ei harwain at y pethau sy'n cyfri. Fe wyddom ni fod gennym ni gyfrifoldeb at ein cymdeithas, ond fe wyddom ni hefyd fod y rhwystrau a'r

17

*cyfyngiadau sy'n ein blino ni yn peri'n bod ni'n methu ac yn colli ein cyfle.*

*Ein gweddi ni yn awr, ein Tad, ydi gofyn i Ti ein helpu ni'r bore yma i ymestyn ein gorwelion, i godi uwchlaw ein rhwystrau a'n cyfyngiadau, inni wybod rhywbeth am y bywyd newydd, cynhyrfus a llawn posibiliadau sydd ynot Ti. Yn Iesu Grist, Amen.*

2

# BOSTON
## (1990)

Ar noson aeafol, oer yn Chwefror, yr eira'n drwchus dan draed
a'r awyr yn drwm, annifyr, roeddwn i'n eistedd mewn awyren yn
barod i gychwyn am adre o Boston. 'Roeddan ni'n seithfed yn y
ciw o awyrennau oedd yn disgwyl i godi, ac fel yr oedd yr awyren
yn troi'n araf yn y ciw fe ddaethom i olwg goleuadau tref Boston.
Ac ynghanol y goleuadau – yn llachar amlwg – roedd 'na olau
croes. Fe ddaeth 'na rhyw gynhesrwydd rhyfedd i 'nghalon i
wrth weld y groes a meddwl bod yna griw o Gristnogion yn y
dref fawr yna wedi gosod croes ar dŵr eu heglwys neu dalcen eu
capel.

Ond wedi i'r cynhesrwydd cyntaf fynd heibio, fe gododd rhyw
amheuon a chwestiynau yn y meddwl: tybed ai gimic diniwed
oedd y cwbl? ai sioe ddi-ystyr, amherthnasol oedd hi? beth oedd
a wnelo'r groes â bywyd y dre ac â bywyd y wlad yr oeddwn i ar
fin ei gadael?

Roeddwn i wedi treulio'r wythnos yng nghwmni tua chant ac
ugain o fyfyrwyr oedd â'u bryd ar y Weinidogaeth Gristnogol, ac
wedi clywed llawer am y problemau oedd yn eu hwynebu yn yr
America fawr, gymhleth. Roedd rhai ohonyn nhw'n ymwybodol
iawn o broblem enfawr alcoholiaeth a drygiau; roedd rhai yn
gweithio'n wirfoddol yn ateb galwadau ffôn gan ferched wedi eu
treisio; roedd eraill wedyn yn gwybod am broblemau ymysg
plant, yn enwedig plant yn dioddef am eu bod wedi eu camdrin;
roedd eraill eto yn sôn am broblemau'r henoed ac anghenion
arbennig y dosbarth hwnnw; roedd rhai wedi bod yn dweud am

gyfeillion agos iddyn nhw oedd wedi marw o Aids. Dyna'r gymdeithas – cymdeithas yn llawn o broblemau moesol a chymdeithasol; a dyna'r groes yn goleuo yn fan acw, a minnau'n cael fy nhemtio i ofyn – a oes a wnelo hi rywbeth â'r gymdeithas yna?

Ar fy nglin roedd gen i un o bapurau Sul trwchus y Merica, a minnau wedi rhyw fudur ddarllen wrth ddisgwyl i'r awyren godi. Un stori fawr yn y papur y diwrnod hwnnw oedd argyfwng gwleidyddol yr Arlywydd Gorbachev, a phawb yn dyfalu a fyddai o'n llwyddo i gadw ei le a pharhau gyda'i raglen o newid. Ar y naill law, roedd y ceidwadwyr yn ei weld o'n mynd yn rhy bell; ar y llaw arall, y rhyddfrydwyr yn ei weld o'n rhy ara-deg ac eisiau rhagor o newid. A Gorbachev druan yn y fantol; roedd y trafodaethau ar y pryd yn dyngedfennol, a phawb yn aros i weld a fyddai o'n llwyddo i gerdded llwybr canol diogel rhwng y ceidwadwyr gelyniaethus a'r rhyddfrydwyr di-amynedd. Y stori fawr arall oedd De Affrica – y Prifweinidog, de Klerk, wedi traddodi araith bwysig yn sôn am ei raglen a'i obeithion, yn addo y byddai o'n rhyddhau Nelson Mandela, ond heb ddweud pa bryd. A dyna rai o broblemau'r byd – Rwsia, De Affrica – heb sôn am wledydd eraill. A'r groes yna'n dal i ddisgleirio trwy'r ffenestr wrth fy ochr, a minnau'n gofyn unwaith eto – a oes a wnelo hi rywbeth â'r problemau yna? Ynteu, ai ffolineb yw ceisio eu cysylltu? Oni fyddai hi'n fwy gonest i ddweud nad oes a wnelo croes, efengyl nac eglwys ddim oll â byd fel hwn?

Ac eto y mae'r arwyddion ymhob man yn dweud ei bod hi'n berthnasol. Dyna'r myfyrwyr diwinyddol yna'n gweld cysylltiad byw rhwng eu gweinidogaeth nhw a phroblemau'r gymdeithas; dyna'r Eglwys Uniongred yn cael ei hadfer yn Rwsia, a phobl yno ac mewn gwledydd comiwnyddol eraill yn heidio'n ôl i'r eglwysi; ac yn Ne Affrica eto, dyna ran bwysig yr Eglwys yn y frwydr fawr yn erbyn apartheid. A phopeth yn dweud bod y groes olau yna yn fwy arwyddocaol nag y tybiwn, a'i bod hi'n berthnasol yn y byd sydd ohoni.

Beth felly am y Groes, neu y **gair am y groes** (1 Cor. 1: 18)? Mewn geiriau eraill beth am bregethu'r Groes, neu'r stori am y Groes?

**1.** Mae hi'n stori sy'n ganolog. Y stori am y Groes ydi canol-bwynt y ffydd Gristnogol, p'un bynnag a ydym yn hoffi hynny ai peidio. Nid system o ddiwinyddiaeth ydi'r canol, er mor bwysig ydi cael cyfundrefn o syniadau a damcaniaethau; ac nid cyfres o egwyddorion moesol ydi'r canol, er mor bwysig ydi'r ochr ymarferol. Yr hyn sy'n ganolog ydi'r stori am y groes.

Ac mae hyn yn wir, nid yn unig am y grefydd Gristnogol, ond hefyd am ei chartref ysbrydol yn y grefydd Iddewig. Trowch yn ôl i'r Hen Destament ac fe gewch chi mai carreg sylfaen crefydd yr Iddew oedd y geiriau yma ar ddechrau'r Deg Gorchymyn: "Myfi yw'r Arglwydd dy Dduw, a'th arweiniodd allan o wlad yr Aifft, o dŷ caethiwed". Mae'n ymddangos ar y dechrau fel pe bai'r adnod yn mynd i gyflwyno gwirionedd diwinyddol trwm a chynhwysfawr – 'Myfi yw'r Arglwydd dy Dduw'. Ond na, gosod-iad sydd ynghlwm wrth stori ydi o – 'a'th arweiniodd allan o wlad yr Aifft', a dyna ni ynghanol stori gwaredigaeth. Fel yr â'r adran yn ei blaen fe ddown at gyfres o ddeg gorchymyn sy'n sylfaen i fywyd moesol da, ond gorchmynion sy'n sylfaenedig ar stori ydyn nhw; does 'na ddim cyd-destun synhwyrlon i'r gofynion heb y stori.

Ac mae hynny'r un mor wir am y grefydd Gristnogol; yn union fel yr oedd crefydd yr Iddew yn troi o gwmpas y waredigaeth o'r Aifft, mae'r grefydd Gristnogol hithau yn troi o gwmpas gwaredigaeth y Groes. Stori'r waredigaeth ydi'r garreg sylfaen.

Y perygl mawr heddiw ydi meddwl y gallwn ni wneud heb y stori. Y mae'r meddwl rhesymegol, dadansoddol, gwyddonol, oer yn gwbl ddi-amynedd efo stori. Efallai bod stori'n iawn ar lefel isel, gyntefig – ar rhyw lefel plant o feddwl. Efallai ei bod hi'n iawn fel rhyw fan cychwyn, fel rhyw ddarlun bach o'r gwirionedd. Ond mae'n bryd inni dyfu i fyny bellach, a symud i fyd meddyliau mwy aruchel; fe fedrwn ni bellach godi i fyd syniadau a haniaethau athronyddol a diwinyddol; fe fedrwn ni greu systemau o syniadau ac o feddyliau soffistigedig. Ac fe allwn ni anghofio'r hen stori. Yr union beth yma, medd rhai, ydi gwraidd llawer o'n dryswch meddyliol a diwinyddol ni heddiw – rydan ni wedi ceisio gwneud i syniadau sefyll ar eu traed eu hunain a rhoi annibyniaeth iddyn nhw a'u tynnu nhw o'u cyddestun. Ac yr ydan ni wedi anghofio mai'r hyn sy'n rhoi arbenigrwydd i'n syniadau ni ac i'n ffordd ni o feddwl ydi'r traddodiad sydd y tu ôl iddyn nhw; syniadau sydd ynglwm wrth stori ydyn nhw.

Ac mae'r un peth yn union yn digwydd gydag egwyddorion moesol. Yn y byd sydd ohoni rydan ni'n gorfod troedio'n ofalus i greu system o egwyddorion moesol; y mae'n rhaid dadansoddi tueddiadau ac anghenion cymdeithas; y mae gofyn edrych yn fanwl ar adeiladwaith y bersonoliaeth a'r pethau sy'n cyfrannu at gynnal yr adeilad; ac y mae'n rhaid diffinio'n fanwl gyfrifoldebau dyn y tu mewn i fframwaith ei gysylltiadau. Wedi gwneud hyn fe allwn symud yn rhesymegol a chadarn tuag at gyfundrefn o egwyddorion a'r rheini'n ymarferol ac yn gweithio oddi mewn i derfynau'r posibl. A'r hyn a wnawn ni ydi ceisio cael system sy'n sefyll ar ei thraed ei hun. Ac fe gollwn ein harbenigedd; oherwydd yr hyn sy'n gwneud ein ffordd ni'n arbennig ac yn wahanol ydi ei bod hi ynglwm wrth stori. Ac unwaith y collwn yr arbenigedd yna fe ddisgynnwn i'r cyffredinedd o ddweud yr hyn y mae pawb arall yn ei ddweud ac o feddwl fel y mae pawb arall yn meddwl.

Rhaid dod yn ôl o hyd at y stori. Dyna'r awyrgylch a dyna'r amgylchiadau sy'n penderfynu ein ffordd o feddwl a'n ffordd o fyw. Mae cyflwr cymdeithas ac y mae amgylchiadau byw yn newid o oes i oes ac yn amrywio o gyfnod i gyfnod. Yr hyn sy'n aros ydi'r stori; allwn ni ddim troi'r stori o'r neilltu. Ymateb i'r stori yr ydan ni: 'Yr ydym ni'n caru, am iddo ef yn gyntaf ein caru ni'.

**2.** Mae hi'n stori sy'n galw. Os mai datgysylltu'r stori a'i throi hi o'r neilltu ydi un perygl, y perygl arall ydi gorddibynnu ar y stori. Mae 'na rhyw syniad – a hwnnw'n un sentimental braidd – mai'r cyfan sydd eisiau ei wneud ydi adrodd yr hen, hen hanes a gadael pethau yn y fan honno. Fe geir cysur a bodlonrwydd o feddwl bod yr hen stori wedi ei dweud a'r hen ymadroddion wedi eu hail-adrodd, a'r hyn a dderbyniwyd gynt wedi ei draddodi eto.

Ond un cam – y cam cyntaf – ydi adrodd y stori. Mae 'na alwad a sialens yn perthyn i'r stori. Fel hyn y mae rhywun wedi gosod y peth: "Mae 'na alwad yn y stori. Mae hi'n cydio ynddon ni, ac yn gwau ein stori ni i mewn iddi hi ei hun. Mae 'na wneud ynglwm wrth y stori, mae 'na sialens, mae 'na styrbio". 'Does 'na ddim amheuaeth ynglŷn â galwad ymarferol y stori yn y Testament Newydd: "Amlygwch yn eich plith eich hunain yr agwedd meddwl honno sy'n wir yn eiddo ichwi yng Nghrist Iesu". Mae'r agwedd meddwl i'w gweld yn stori'r gwacáu a'r darostwng, "gan fod yn ufudd hyd angau, ie, angau ar groes". Mae'r agwedd yna'n cael ei thrawsblannu nes dod yn rym ac yn ysbrydiaeth yn ein bywyd ni.

Un o'r rhesymau am ddiymadferthedd di-weledigaeth yr Eglwys heddiw ydi'n bod ni'n methu gweld y cyswllt rhwng y stori a'r gwneud, yn methu clywed galwad y stori. Am nad ydi'r styrbio ddim yna, rydan ni'n llithro'n esmwyth i gyffredinedd diniwed a di-gic. Wrth sôn yn ddiweddar am le Cristnogaeth mewn bywyd fe ddywedodd un Archesgob beth fel hyn:

'O feddwl am yr egwyddorion sy'n rheoli bywyd ac yn trefnu cymdeithas, does gan Gristnogion fawr rhagor i'w ddweud nag y byddai unrhyw berson rhesymol o ewyllys da yn ei ddweud'.

A dyna ni'n syth wedi colli'n harbenigedd.

Efallai mai'r hyn sydd wrth wraidd yr agwedd yma ydi'r syniad cyfeiliornus ein bod ni'n gymdeithas Gristnogol, – fod yr egwyddorion Cristnogol wedi treiddio ers canrifoedd i mewn i ddiwylliant a bywyd ein gwlad ni. Pan ydan ni'n sôn am werthoedd moesol ein gwlad, y mae dylanwad Cristnogaeth mor fawr fel mai sôn am werthoedd Cristnogol yr ydan ni. Mae'r cyfan yn rhan o'n bywyd ni; mae 'na rhyw foeseg naturiol a sylfaenol sy'n Gristnogol ei naws, a honno'n gofalu am degwch ac yn llawn o bethau fel ymddwyn yn weddus ac anrhydeddus at ein gilydd. I bobl sy'n credu fel yna, y cyfan sydd gan Gristnogaeth i'w wneud ydi cynnal a chadw'r drefn dda a naturiol yna, cadw wrth ei gilydd a gwarchod y pethau sydd wedi dod bellach yn rhan o'n byw a'n bod.

Y mae'n rhaid inni sylweddoli bod ymateb i stori'r groes yn golygu llawer iawn mwy na'r dasg ddiniwed yna; mae'r gofyn yn uwch, ac y mae'r styrbio yn llawer mwy. Rydw i am ddyfynnu dwy ffordd wahanol o ddweud y peth. Sôn am foeseg naturiol y mae un awdur – y gwedduster, y parchusrwydd a'r chwarae-teg sy'n perthyn i'n cymdeithas ni; yr hyn y mae Cristnogaeth yn ei wneud ydi cefnogi a rhoi rhyw gynhesrwydd i'r foeseg naturiol yma:

'Y drwg ydi mai cadarnhau ydi unig waith yr Eglwys – ni chaniateir iddi feirniadu; y mae'r Eglwys yma i eilio, byth i gynnig, i gyhoeddi'r hyn a ŵyr y byd ac nid y newydd na ŵyr y byd amdano'.

Dyma ffordd arall o'i roi. Sôn a wneir eto am y gwaith o gynnal a chadw'r fframwaith o foeseg naturiol:

'Nid gwaith yr Eglwys ydi bod yn lud, gliw, cymdeithasol; ei gwaith yw newid a thrawsffurfio'.

Y peth byw, styrblyd yma sydd ar goll o'n tystiolaeth ni. Mae ymateb i'r stori yn mynd ymhell y tu draw i gynnal a chadw diniwed. Mae angen herio a newid y gwerthoedd confensiynol; mae angen protestio yn erbyn rhagdybiau'r gyfundrefn arianyddol fodern. Allwn ni ddim osgoi. Y mae'r nofelydd Iris Murdoch wedi awgrymu bod Cristnogion wedi osgoi, ac am hynny bod yna dwll gwag yn y ffordd yr ydan ni'n meddwl am gwestiynau moesol a chymdeithasol. Bellach y mae pobl eisiau inni ddweud beth sy'n iawn a beth sydd ddim. Mae 'na sialens yn stori'r gwacáu a'r darostwng; mae cael y meddwl yma oedd yng Ngrist yn bwrw bywyd a'i wyneb i waered ac yn galw am fwy na'r ymateb confensiynol, saff.

**3.** Mae'n stori sy'n gweithio. Un peth ydi dweud bod y stori am y groes yn galw; mater arall ydi deud sut mae hi'n gweithio, a beth mae'r cyfan yn ei olygu yn y pendraw. Yr hyn sydd angen ei ddweud ydi bod ymateb i'r alwad yn beth cwbl ymarferol; gweithredu creadigol, ymarferol ydi o.

Fe soniwyd yn barod am golli ein harbenigedd; rhan o'r clefyd hwnnw ydi ein bod ni'n cuddio y tu ôl i gyffredinoli di-ddannedd. Mae 'na lawer yn credu na ddylai Cristnogaeth ymyrryd yn rhy benodol â bywyd cymdeithas; ei gwaith hi ydi rhoi sylfeini cyffredinol, trwytho yn yr egwyddorion, a gadael i bobl weithio allan y manylion – pob un i weithio allan ei iachawdwriaeth ei hun. Mae 'na rhyw duedd i orfodi'r Eglwys i ganolbwyntio ar y cyffredinol ac osgoi'r manylion. Dyna agwedd John Selwyn Gummer, Gweinidog yn y Llywodraeth ac aelod blaenllaw o Eglwys Loegr; fe all yr Eglwys, meddai ef, fugeilio'r gwleidydd i'w wneud yn well gwleidydd, ond all hi ddim cynnig atebion i gwestiynau gwleidyddol.

Mi fyddai derbyn y safbwynt yna'n cyfyngu ar yr ymateb i stori'r Groes. Nid ymateb mewn gwagle ydi o; rydan ni ynghlwm wrth sefyllfaoedd ac amgylchiadau, rydan ni ymysg pobl ac yn rhan o gymdeithas. Ac y mae'n rhaid inni gyfieithu'n hymateb i'r sefyllfa yna. Does neb – boed yn blaid wleidyddol, yn llywodraeth, neu'n unrhyw rhan arall o gymdeithas – i gyfyngu ar gylch gweithgarwch y Cristion; does neb i wneud ei agenda'n gyfyng a chul. Os ydi'r stori i weithio, mae'n rhaid iddi weithio ym mhethau ymarferol byd a bywyd.

Fe'n rhybuddiwyd droeon yn ystod y blynyddoedd diwethaf yma i beidio â chuddio y tu ôl i gyffredinoli. Perygl bod yn gyffredinol ydi bod yn y diwedd yn wâg. Meddai rhywun:

'Os na fedr arweinwyr yr Eglwys ddweud yn ddi-ofn a diamwys beth ydi cyfraniad arbennig yr Eglwys, yna mae'n well iddynt beidio â dweud dim. Os na fedrant ddweud yn benodol, y cyfan a wnânt ydi ail-adrodd pethau ail-law yn gwbl ddiflas, ac y mae hynny'n atgas i ddynion diffuant ac yn dwyn gwarth ar Gristnogaeth'.

Unwaith y mae'r ymateb yn cael ei ysgaru oddi wrth weithredu pendant mewn amgylchiadau penodol y mae'r iaith yn mynd yn iaith farw. A dyna'r gwaethaf a all ddigwydd i stori'r Groes – gair byw, grymus, stori fawr, gynhyrfus yn mynd yn ddim ond gair marw.

O'r Hen Destament y mae un awdur yn cymryd ei ddarlun. Pan safodd Moses wrth y berth oedd yn llosgi heb ei difa, fe gafodd ei alw a rhoed gwaith penodol iddo i'w wneud. Roedd

Duw wedi clywed gwaedd y bobl oedd yn cael eu gorthrymu ac yr oedd wedi gweld eu cyflwr. Felly yr oedd yr alwad i Moses yn glir a diamwys – yr oedd i fynd yn ôl i'r Aifft ac i'r llys at Pharo a rhyddhau'r bobl. Galwad benodol, ddiriaethol oedd hi. A dyna sut y mae Duw yn siarad, a dyna pam bod stori'r Groes yn stori sy'n gweithredu; y mae'n galw am ymateb clir yn y sefyllfa yr ydan ni ynddi. A dyna ydi ei thramgwydd hi o hyd; tramgwydd oedd hi i'r Iddew a ffolineb i'r cenhedloedd. A phan gymerir stori'r Groes o ddifrif, tramgwydd a ffolineb fydd hi; mae hi'n gwrthod mynd yn stori farw, ddi-rym ac yn gwrthod mynd ar goll mewn cyffredinoli. Mae'n galw arnom i gerdded llwybr pendant, clir a diamwys.

Dyna'r **gair am y groes**. Mae'n stori sy'n ganolog, yn un sy'n galw ac yn un sy'n gweithredu.

✦   ✦   ✦

Emynau:  104  'Ni all angylion pur y nef'
    781  'Anwylaf Grist, dy sanctaidd ben'
    794  'Pa fodd y meiddiaf yn fy oes'
    555  'Cymer, Iesu, fi fel 'rydwyf'

Darllen:  1 Corinthiaid 1: 18-28; 2: 1-2

Gweddi:  *Ein Tad, fe drown atat Ti gan ryfeddu at y peth yr ydan ni bob amser yn rhyfeddu ato, gan ddiolch am yr hyn yr ydan ni bob tro yn diolch amdano, sef dy gariad Di. Fe sylweddolwn yn awr mai ynot Ti, yn yr hyn wyt Ti ac yn y cyfan yr wyt Ti wedi ei wneud, yn enwedig yr hyn a wnaethost Ti yn Iesu Grist, yr ydan ni'n gwybod beth ydi cariad. Wrth inni gydnabod mai yn y fan yma yr ydan ni'n gweld gwir gariad, mae arnom ni gywilydd o sylweddoli fel yr ydan ni'n rhoi'r enw 'cariad' ar beth mor wahanol, mor isel ac mor salw. Rydan ni wedi mynd i feddwl am gariad fel rhywbeth allanol yn perthyn i'r corff ac nid i'r galon; rydan ni wedi ei wneud o'n beth – peth yr ydan ni'n medru ei brynu, ei ddefnyddio ac yna ei luchio i ffwrdd. Y mae'r gwir gariad a welwn ni ynot Ti yn aruchel ei gymhellion a'i fwriadau,* yn ddi-derfyn yn ei roi, yn ddwfn yn y berthynas y mae o'n ei chreu ac yn llwyr yn ei roi ac yn ei ofyn.

Gweddïo yr ydan ni am inni gael clywed y gofyn sydd yn dy gariad Di, am gael clywed ei alwad a'i sialens. Fe wyddom ni mai cariad sy'n gofyn ydio, oherwydd nid cariad sy'n swcro, yn dwndwn ac yn meddalu ydi o; fe wyddom ni'n iawn nad rhyw sentiment meddal sy'n lapio amdanom ni ydi o. Cariad sy'n ysbrydoli ydi o, sy'n ein codi ni ar ein traed ac yn rhoi tipyn o dân yn ein calon a haearn yn ein gwaed. Fe wyddom, ein Tad, mai'r hyn a wnaethost Ti yn dy gariad oedd ein rhyddhau ni i fod yn fodau dynol llawn – yn bobl gyfrifol, gyda rhyddid i wneud eu dewis. A'r hyn yr ydan ni'n ei ofyn gennyt Ti yn awr ydi am inni gael wynebu'r sialens yna o'r newydd – am gael bod yn bobl gyfrifol sy' gwneud eu dewis ac yn ymateb i'th gariad Di.

Paratoa ni i ymateb i Ti o ran ein meddyliau. Mae angen agor ein meddyliau ni inni gael gweld – gweld bod yn rhaid torri trwy'r haen o fympwyon a rhagfarnau sy'n perthyn inni. Mae angen ystwytho ein meddyliau ni inni allu deall – a thorri trwy'r hen wrthryfel sydd ynom ni ac yn ein rhwystro ni rhag gweld a deall ac yn gwneud inni ddymuno peidio â gweld na deall. Mae angen plygu ein meddyliau ni inni allu derbyn dy ffordd Di – a thorri trwy'r hen ystyfnigrwydd balch a phenderfynol sy'n ein gwneud ni mor ddi-ymateb.

Fe ofynnwn i Ti, nid yn unig baratoi ein meddyliau ni, ond hefyd ein hysbrydoli ni yn ein byw a'n gwneud. Fe sylweddolwn, ein Tad, mor hawdd ydi inni gytuno â'r meddwl, a chyffesu â geiriau, ond peidio â symud llaw na throed i weithredu. Fe wyddom ni am y perygl o ddweud un peth a gwneud peth arall. Helpa ni i ymateb i'th gariad Di yn ein sefyllfa ac yn ein hamgylchiadau fel y maent. Fe sylweddolwn mor anodd ydi hynny, oherwydd mae'n byd a'n cymdeithas ni mor wahanol i Ti; mae bywyd mor ofnadwy o gymhleth a dyrys; mae'r problemau mor aml ac mae'r anawsterau mor fawr. Ond fe wyddom ni hefyd, ein Tad, os wyt Ti'n golygu rhywbeth inni, os ydi'r ffydd yn fyw ynom ni, fod yn rhaid inni ymateb i Ti yn rymus, yn benodol ac yn ymarferol. Helpa ni, ein Tad, i ymateb i Ti mewn meddwl, gair a gweithred. Trwy Iesu Grist, Amen.

# 3
# MUR BERLIN
## (1990)

Yn fy llaw mae gen i ddarn bychan bach o fur Berlin – y wal honno a fu am wyth mlynedd ar hugain yn hollti dinas a'i phobl yn ddwy ran, ac a safai yn symbol poenus o'r rhyfel oer rhwng Dwyrain a Gorllewin, rhwng gwledydd comiwnyddol y Dwyrain a gwledydd cyfalafol y Gorllewin.

Hanes trist iawn sydd i'r wal. Fe'i codwyd hi yn 1961 – yn wal goncrit gadarn, yn troelli ei ffordd trwy'r ddinas, yn hollti tai cymdogion ac yn torri strydoedd yn eu hanner. Oherwydd ei throadau mynych a'i hymwthio ôl a blaen trwy'r strydoedd yr oedd hi'n 70 milltir o hyd, ac yn y canol rhwng dwy ochr y wal roedd 'na ddiffeithle o dir neb. Oddeutu'r wal roedd 'na gymdogion na chaen nhw ddim cyfathrach o gwbl â'i gilydd – pobl o'r un iaith na chaen nhw ddim siarad â'i gilydd, pobl o'r un gwaed na chaen nhw ddim cymysgu â'i gilydd, pobl o'r un genedl na chaen nhw ddim ymweld â'u gwlad eu hunain, pobl o'r un teulu na chaen nhw ddim cyfle i 'nabod eu perthnasau. Dyna'r rhannu a'r hollti a wnaeth mur Berlin.

Ac yr oedd o'n hollti creulon iawn, gan fod milwyr yn gwarchod y wal yn gaeth ac yn barod i rwystro unrhyw ymdrech i groesi o un ochr i'r llall. Yn ystod yr 28 mlynedd fe gafodd 78 o bobl eu saethu am iddyn nhw geisio croesi o Ddwyrain i Orllewin – yr olaf ohonyn nhw rhyw chwe mis cyn chwalu'r wal. Golygfa drist yw gweld y croesau pren gyda thorch o flodau yn nodi'r mannau lle saethwyd y rhai a geisiodd groesi, y rhan fwyaf ohonynt yn bobl ifanc yn eu hugeiniau. Roedd y wal wedi dod yn rhan mor arferol o fywyd ac yn symbol mor gadarn o'r gwahaniaethau rhwng dwy ran y wlad fel na feddyliodd neb y byddai'n cael ei chwalu. Yn wir, ychydig fisoedd cyn i'r cyfan ddod i ben roedd Erik Hoenecker, Prifweinidog Dwyrain yr Almaen, wedi datgan yn gwbl hyderus y byddai'r wal yn sefyll ymhen hanner can mlynedd, ac ymhen can mlynedd os byddai raid.

Ond yn ddisymwth, annisgwyl ar Dachwedd 9ed, 1989 fe gyhoeddwyd bod rhyddid i'r naill ochr groesi i'r llall, ac fe aeth y wal yn ddiangen. Gyda'r ysbryd newydd o ryddid oedd yn 'sgubo trwy wledydd dwyrain Ewrop, ni allai mur Berlin sefyll. Ac ar unwaith gwelwyd pobl yn neidio ac yn gorfoleddu ar ei phen; gwelwyd rhai gyda chŷn a morthwyl yn curo darnau ohoni o'i lle ac yn y man fel welwyd y craeniau yn symud talpiau ohoni o'r ffordd.

I mi, un o'r profiadau rhyfeddaf a mwyaf ysgytiol oedd cael crwydro'n rhydd yn ôl a blaen dros adfeilion y wal. Neb yn gwylio nac yn gofyn am y passport, y talpiau concrit ar y llawr yn magu llwch, y ceir yn gwibio'n ôl a blaen hyd y strydoedd, a phobl yn mynd am dro fin nos yn gwbl rydd ar hyd y mannau lle bu'r wal. Ac wrth ryfeddu at y profiad yna y geiriau oedd yn mynnu gwthio i'r meddwl oedd y rhain o'r llythyr at yr Effesiaid (2: 14): **Gwnaeth y ddau yn un . . . wedi chwalu trwy ei gnawd ei hun y canolfur o elyniaeth oedd yn eu gwahanu.** Wrth edrych ar adfeilion yr hen ganolfur a oedd wedi bod yn gwahanu, fe gefais i olwg newydd ar rai o'r pethau sy'n bosibl rhwng dynion a'i gilydd, ac yn enwedig ar yr hyn a wneir yn bosibl ym mywydau dynion trwy'r Efengyl Gristnogol. A dyma ydi'r pwnc – y cymod, y gwneud yn un, neu os mynnwch, chwalu'r wal, symud yr elyniaeth, a wneir yn bosibl yng Nghrist.

**1.** Gair negyddol i ddechrau – does 'na ddim dileu gwahaniaethau. Un o'r pethau a ddysgais i wrth grwydro oddeutu wal Berlin ydi nad oedd chwalu'r wal wedi dileu gwahaniaethau. Mae 'na agor posibiliadau newydd, mae'r rhai a fu ar wahân yn dod at ei gilydd, mae 'na sôn am uno'r ddwy Almaen. Ond mae 'na wahaniaethau sy'n aros, ac mi fyddan nhw'n aros. Fe ofynnais i ffrind imi yng Ngorllewin yr Almaen , 'Ydach chi'n nabod pobl y Dwyrain pan ydach chi'n eu gweld nhw ar y stryd? Ydyn nhw'n gwisgo'n wahanol? Ydyn nhw'n edrych yn dlotach?' A'r ateb oedd, 'Rydwi'n eu 'nabod nhw oddi wrth yr edrychiad yn eu llygaid nhw'. Mae'r blynyddoedd wedi gadael eu hôl; mae'r bersonoliaeth wedi ei heffeithio; fe chwalwyd y wal, ond tydi'r gwahaniaethau ddim wedi eu dileu.

A tydi'r testun 'chwaith ddim yn awgrymu am funud bod y gwahaniaethau'n diflannu. Mae 'na sôn am ddau yn dod yn un – Iddewon a Chenhedloedd, a bod chwalu'r elyniaeth rhyngddyn nhw. Ond mae'r Iddewon yn dal yn Iddewon a'r Cenhedloedd yn dal yn Genhedloedd; mae'r elyniaeth wedi mynd, mae'r anawsterau wedi eu goresgyn ac maen nhw'n darganfod unoliaeth. Ond maen nhw'n darganfod unoliaeth heb ddileu hunaniaeth.

Dyma'r gwirionedd a geir yn gyson yn y Testament Newydd wrth ddisgrifio gwaith Crist ac wrth gyflwyno'r Eglwys Gristnogol. Un corff, gyda llawer o aelodau, yw'r darlun a roddir gan Paul – 'nid un aelod yw'r corff, ond llawer'. Y mae doniau gwahanol yn perthyn i'r gwahanol aelodau – rhai yn medru proffwydo, rhai yn llefaru doethineb, rhai yn cyflwyno gwybodaeth, ond y mae unoliaeth yn perthyn iddyn nhw am eu bod mewn un ysbryd. Corff Crist ydyw, 'ac y mae i bob un ohonoch ei le fel aelod'; y mae unoliaeth heb golli hunaniaeth.

Peidiwn â meddwl am funud bod yr Efengyl yn dileu hunaniaeth ac yn dinistrio cymeriad yr unigolyn. Yn gwbl groes i hynny, y mae'n helpu'r unigolyn i'w ddarganfod ei hun; ei arwain i werthfawrogi ei hunaniaeth y mae hi. Y mae gan Sydney Carter gerdd fach sy'n disgrifio'r gwahanol fasgiau y mae pob un ohonom yn eu gwisgo ar ein taith drwy'r byd – masg babi, masg plentyn, masg ieuenctid, masg oedolyn. Ei ddeisyfiad ar y diwedd ydi am gael claddu'r masgiau, ac wedi gwneud hynny y bydd rhywun yn ei ddarganfod ei hun. Nid rhoi dihangfa inni oddi wrthym ein hunain y mae'r efengyl, ond ein helpu i'n darganfod ein hunain, ac i werthfawrogi'r arbenigrwydd sy'n perthyn i bob un ohonom.

Wrth drafod yr union bwynt yma, fe awgrymodd rhywun mai dyma'r brofedigaeth fawr y syrthir iddi'n aml mewn gwaith cenhadol. Fe gyflwynir yr efengyl fel cyfle i rywun gael gwaredigaeth oddi wrtho ef ei hun, i fod yn gwbl wahanol, a'r gwahanol hwnnw, gwaetha'r modd, wedi ei fodelu ar y sawl sy'n cyflwyno'r efengyl iddo. Pwysleisir bod yn rhaid iddo gael yn union yr un profiad, a'i fod yn cael ei fynegi yn union yn yr un iaith; rhaid i bob cadwedig ddilyn yr un patrwm a chadw'n ddiwyro at yr un model. Nid oes amrywiaeth, na gwahaniaeth; y mae'r cyfan yn unffurf. Camgymeriad ydi hynny, oherwydd yr hyn a wneir ydi darostwng cenhadaeth i fod yn ymgyrch tuag at unffurfiaeth. Gwaith yr efengyl ydi helpu rhywun i'w ddarganfod ei hun mewn ffordd adeiladol a chreadigol; hynny sy'n rhoi iddo fywyd llawn. Fe lwyddir i gadw gwahaniaethau ac amrywiadau oddi mewn i undod yr Ysbryd.

Gwthiwch y peth gam ymhellach eto at waith Duw yng Nghrist:

> Y pellter oedd rhyngddynt oedd fawr –
> Fe'i llanwodd â'i haeddiant ei hun.

Mae'r pellter yn dal ac mae'r gwahaniaeth rhwng y ddau yn aros. Nid dileu'r pellter a wneir ond ei lenwi. Dyna'r gair negyddol – does 'na ddim dileu gwahaniaethau.

**2.** Gair cadarnhaol ydi'r nesaf – mae 'na oresgyn gwahaniaethau. Peth arall pwysig iawn a ddysgais i wrth weld diflaniad yr hen wal yn Berlin – 'chwalu'r canolfur o elyniaeth oedd yn gwahanu' – oedd bod goresgyn gwahaniaethau bellach yn ffaith. Fe lwyddwyd i ddod dros yr elyniaeth oedd wedi parhau trwy'r cyfnod hir hwnnw o ryfel oer rhwng Dwyrain a Gorllewin. Fe fu hi'n elyniaeth galed a di-dostur, weithiau'n ymylu ar frwydr rhwng y ddwy ochr, yn fynych yn arwain i saethu a lladd. Ond fe ddaeth newid agwedd; daeth pwyll, agwedd fwy agored ac ewyllys da i reoli; ac â breichiau agored fe ddaru'r naill ochr gofleidio'r llall. Er na chafodd y gwahaniaethau eu dileu, fe gawsant eu goresgyn, ac y mae ysbryd newydd ar gerdded trwy y tir.

Yr ysbryd newydd yna a ddisgrifir o gwmpas adnod y testun. Gelyniaeth chwerw iawn oedd yn y fan yma hefyd – yr hen elyniaeth rhwng Iddewon a Chenhedloedd. Roedd 'na falchder gwenwynig iawn yn y ffordd yr oedd yr Iddewon yn ystyried y Cenhedloedd ac yn eu trin; dieithriaid ac estroniaid oeddan nhw, rhai heb obaith a heb Dduw yn y byd. Ond trwy Grist fe newidiodd pethau; datodwyd y canolfur, ac er bod Iddew yn dal yn Iddew, a'r cenhedloedd yn dal yn genhedloedd, fe oresgynwyd yr hen elyniaeth ac fe grewyd posibiliadau dynoliaeth newydd. Gwnaed heddwch, a daeth y ddau yn un; yn yr ysbryd yna y mae posibiliadau dynoliaeth newydd.

Dyna ydi rhyfeddod gwaith yr Efengyl. Tydi hi ddim yn anodd creu cwlwm newydd rhwng dau, os cewch chi'r rhyddid i ailfowldio un yn llwyr a'i wneud o'r un fath â'r llall – os cewch chi ryddid i gnocio'r corneli, i lyfnhau'r gwrymiau ac i'w gwneud nhw'n unffurf. Tydi cymodi mewn sefyllfa felly fawr o gamp. Yr hyn sy'n anodd ydi derbyn bod gwahaniaethau, eu cydnabod a'u gwerthfawrogi, ac er gwaethaf hynny y naill ochr yn derbyn y llall. Rydach chi'n gorfod derbyn bod y llall yna yn y fan yna fel hyn ac fel arall, ac yr ydach chwi'n gwybod yn iawn mai fel yna y bydd o hefyd ac nad oes yna ddim newid arno fo. Yr hyn a wna'r efengyl ydi'ch galluogi chi i dderbyn hwnnw fel y mae o, cydnabod y gwahaniaeth, a'u goresgyn nhw; trwy eu derbyn yn agored rydach chi'n symud i lefel uwch o berthynas. A'r gair mawr yn y fan yma ydi'r gair *derbyn*; mae o'n golygu parodrwydd i fod yn agored, mae o'n golygu derbyn agwedd newydd – y math o agwedd sy'n gallu goresgyn gwahaniaethau. Ar un lefel y mae'n rhaid cydnabod y gwahaniaethau; ar lefel arall y mae'n rhaid pasio heibio iddyn nhw a derbyn ein gilydd fel yr ydan ni.

Dyna ydi'r ddynoliaeth newydd yma sydd yng Nghrist; y mae hi ynghlwm wrth agwedd wahanol. Dyna'r agwedd a ddangoswyd gan Iesu ei hun pan aeth o dros derfynau dosbarth a therfynau cenedl a derbyn pobl fel yr oeddan nhw. Am eu bod wedi cael eu derbyn fel yr oeddan nhw, fe'u helpodd i'w darganfod eu hunain a hynny ydi sail y ddynoliaeth newydd.

Fel hyn y disgrifiodd rhywun y peth:

'y mae'n golygu graddfa uwch ym mherthynas pobl â'i gilydd; fe wthir gelyniaeth meddwl a dieithrwch o'r neilltu . . . ac fe ddaw perthynas newydd'.

Perthynas ar sail derbyn ac er gwaethaf gwahaniaethau ydi hi:

'Daeth Crist er mwyn i mi fod yn fi fy hun, ac er mwyn i ti fod yn ti dy hun. Y mae o fy eisiau i fel yr ydw i, ac y mae o dy eisiau di fel yr wyt ti – er mwyn ein gwneud ni'n dau yr hyn y dylem ni fod'.

Agwedd newydd ydi hi – derbyn y gwahaniaeth a'r anawsterau a phenderfynu eu goresgyn.

Fe ddaw'r cyfan yn ôl eto yn y pendraw at yr hyn a wnaeth Duw yng Nghrist. Y mae'r pellter yn fawr, ac fe fydd yn aros yn fawr, ond fe'i llanwodd. Mae'n derbyn pob un ohonom fel yr ydan ni – dyna'r profiad sylfaenol sydd yn yr efengyl, y profiad fy mod i'n cael fy nerbyn fel yr ydw i. A'r derbyn yna sy'n goresgyn pob peth.

**3.** Gair gobeithiol ydi'r gair olaf – mae 'na dyfu dros wahaniaethau. Un o'r pethau ddaeth yn amlwg i mi wrth grwydro'n ôl a blaen o Ddwyrain i Orllewin Berlin oedd mai un cam ar daith go hir oedd chwalu'r wal. Roedd 'na lawenydd rhyfeddol pan ddigwyddodd yr anhygoel, ac mae 'na frwd-frydedd mawr ar y ddwy ochr o hyd. Ond y mae hefyd broblemau, a mi fydd 'na broblemau mawr yn y dyfodol. Y wal goncrit sydd wedi mynd; mae'r wal seicolegol, y wal ddiwyll-iannol, y wal economaidd yn aros, ac fe gymer hi dipyn o amser i oresgyn y rheini. Taith hir ydi'r daith trwy'r wal; mae'n rhaid bod yn barod i symud rhagor ymlaen o hyd; rhaid aeddfedu, rhaid tyfu i fyny dros y gwahaniaethau.

Y darlun sydd o gwmpas adnod y testun i gyfleu'r peth ydi darlun o adeilad; mae 'na sylfaen, mae 'na gonglfaen, sef Crist ei hun; ond ar y rhain mae 'na waith adeiladu a chyd-gloi'r adeilad i'w gilydd a'i wneud yn y diwedd yn breswylfod i Dduw. Nid mewn undydd unnos yr adeiladir hwn; gwaith araf, dros amser ydio. Trowch yn ôl at y darlun arall sydd yn y pargraff, sef y darlun o'r ddynoliaeth newydd a ddaw trwy chwalu'r canolfur o elyniaeth. Nid ar un trawiad y mae creu dynoliaeth newydd; y mae 'na bob amser aeddfedu i ddirnadaeth well, mae 'na dyfu ac ymestyn at gyrhaeddiad uwch o hyd yn hanes y ddynoliaeth yma.

O hyd ac o hyd yn ystod yr ychydig flynyddoedd diwethaf, wrth gyfansoddi pregethau, rydw i wedi cael fy hun yn dod yn ôl at y pwynt yma – y broses o dyfu ac aeddfedu yng Nghrist sydd mor bwysig yn y bywyd Cristnogol. Efallai mai canlyniad gweithio efo pobl ifanc ydi hyn; mae'r ifanc mor bendant, mor frwdfrydig, mor syml ar un ystyr gan eu bod yn gweld popeth yn ddu ac yn wyn. Mor aml y cewch chi'r ifanc yn dweud: mae popeth yn syml, credu yng Nghrist, derbyn Crist, ac y mae'r cyfan wedi ei setlo; mae'r atebion i gyd yn y Beibl, derbyniwch y Beibl, ac y mae'r problemau ar ben. Ond fy hun, fydda i ddim yn ei gweld hi'n dod fel yna; galwch fi'n hen synic, os mynnwch chi. Ond dechrau ydi'r Beibl, ac y mae'n rhaid symud ymlaen; carreg sylfaen ydi Iesu, a mae'n rhaid adeiladu. A dyma fi'n ôl i ddweud bod yn rhaid wrth broses araf o dyfu ac o aeddfedu yn y bywyd Cristnogol; tyfu yn y ffydd sydd yn mynd i'n codi uwchlaw gwahaniaethau.

Thema ddiddorol iawn ydi thema'r aeddfedrwydd Cristnogol – y pwyslais yma ar y symud at aeddfedrwydd sydd yn digwydd i ddyn a chymdeithas yng Nghrist; mae 'na dyfu i fyny a hynny sy'n dod â ni i'n hoed. Y mae aeddfedrwydd yn cynnwys rhyddid, parodrwydd i ddewis, bod yn gyfrifol ac yn y man bod yn atebol i'n gilydd. Rhaid wynebu'r sialens hon, ac wrth ei hwynebu yr ydan ni'n tyfu. Edrych ymlaen a symud ymlaen y mae'r Cristion.

Fe ddefnyddiwyd geiriau gynnau oedd yn sôn am Grist yn dod er mwyn inni fod yn ni'n hunain. Fel hyn y mae'r geiriau hynny'n gorffen:

'Daeth Crist er mwyn i ti a minnau dyfu tuag at ddynoliaeth aeddfed, a fesurir yn ôl y llawnder sydd yng Nghrist'.

Fel y dywed y llythyr at yr Effesiaid: 'Y nod yw dynoliaeth lawn dwf, a'r mesur yw'r aeddfedrwydd sy'n perthyn i gyflawnder

Crist'. Symud at y llawnder a'r aeddfedrwydd yna yr ydan ni o hyd.

Dyna'r chwalu sy'n digwydd – chwalu'r gwahaniaethau; fyddan nhw ddim yn cael eu dileu, ond fe gânt eu goresgyn; o gam i gam, ac o ris i ris, fe dyfir drostyn nhw.

✦  ✦  ✦

Emynau:  403  'Yr Iesu a deyrnasa'n grwn'
791  'O Grist, Ffisigwr mawr y byd'
833  'O Dywysog ein tangnefedd'
877  'O'r fath newid rhyfeddol a wnaed ynof fi'

Darlleniad:  Effesiaid 2: 8-28

Gweddi: *Ein Tad, yr hwn wyt yn y nefoedd, wrth inni feddwl amdanat Ti a cheisio dy gyfarch Di, y gair sydd yn llithro'n naturiol dros ein gwefusau ni ydi'r gair 'Tad', ac y mae hynny bob amser yn ein hatgoffa ni am dy gariad Di. Rydan ni hefyd yn medru dy gyfarch fel ein Bugail, oherwydd rydan ni'n cofio am dy ofal dorosm ac am dy arweiniad inni. Rydan ni hefyd yn medru dy gyfarch Di fel 'Ffisigwr mawr y byd', oherwydd rydan ni'n gwybod am yr iechyd a'r cryfhad sydd ynot Ti.*

*Fel Ffisigwr yr ydan ni'n ceisio meddwl amdanat Ti'r munudau yma, oherwydd rydan ni'n ymwybodol iawn o ddoluriau'n hoes ac o'r gwendidau sy'n ein blino ni o hyd. Mae pob un ohonom ni'n gwybod am friwiau'r galon a'r ysbryd; rydan ni'n gwybod yn iawn am yr anniddigrwydd a'r anfodlonrwydd ynom ni sy'n creu diflastod, anhapusrwydd a thyndra; rydan ni'n gwybod yn iawn am y gwanc anniwall sydd ynom ni am bethau ac am gael cyrraedd, ac am y gwenwyn a'r eiddigedd y mae hynny'n ei greu ynom ni; rydan ni'n gwybod yn rhy dda am y balchder ysbryd a'r hunanoldeb sydd fel rhyw salwch mawr yn ein dihoeni ni ac yn lladd ein hysbryd. Fe wyddost Ti, ein Tad, am y briwiau a'r doluriau ac fe ofynnwn i Ti am wellhad.*

*Fe wyddost Ti hefyd am ein gwendidau a'n methiannau ni yn y ffordd yr ydan ni'n ysgwyddo ein cyfrifoldebau yn y byd, yn y* _ffordd yr ydan ni'n ceisio cyfathrachu â'n cyd-ddynion. Fe wyddost, ein Tad, fel yr ydan ni dro ar ôl tro'n wynebu bywyd gan ddiystyru'r gwerthoedd uchaf – yn bodloni ar y gwael a'r salw, ac yn methu anelu at y gwych a'r gwerthfawr. Fe wyddost Ti mor hawdd inni ydi troi draw a dianc, mor hawdd ydi cilio ac osgoi cyfrifoldeb tuag at gyd-ddyn a chymdeithas. Fe wyddost Ti mor aml yr ydan ni'n methu ac yn syrthio'n fyr yn ein perthynas â'n gilydd yn y byd yma – yn methu dangos gofal tyner ac adeiladol am ein gilydd, yn methu ymestyn allan mewn trugaredd a chymorth, yn methu clustfeinio a bod yn sensitif i gri ac angen y rhai sydd o'n cwmpas ni.Gwan ydan ni, einTad; methu yr ydan ni, ac y mae ein methiant ni'n difetha ein bywydau ni.

Down atat Ti yn awr, gan wybod nad oes

'na haint, na chlwy, na chur,
Na chilia dan dy ddwylo pur'.

Crefu am iechyd i'n bywydau yr ydan ni. Ac wrth ofyn am hynny, rydan ni yn sylweddoli gymaint y mae'n ei olygu: mae'n golygu newid ein hagwedd ni, mae'n golygu dryllio llawer o'n rhagdybiau ni, mae'n golygu ein hailadeiladu a'n hailwampio ni. Rydan ni'n gwybod, ein Tad, bod y doluriau'n brifo a bod y gwendidau'n ein poeni ni; gad inni sylweddoli bod yr iacháu hefyd yn brifo, ond wedi'r brifo y daw balm dy dynerwch i'n hesmwytháu ni. Gwrando ni, trwy Iesu Grist, Amen.

# 4
# **BERLIN**
## (1990)

Un o'r golygfeydd mwyaf trawiadol yn ninas Berlin, ydi edrych i lawr y stryd siopa brysur, y Kurfürstendamm, i gyfeiriad Eglwys Goffa Kaiser Wilhelm. Yr hyn sy'n drawiadol ynglŷn â'r Eglwys ydi iddi hi gael ei dinistrio'n llwyr gan y bomiau yn ystod y rhyfel, ar wahân i'r tŵr, sydd er y dinistr i gyd yn dal i sefyll. Ac ychydig lathenni oddi wrth y tŵr, y mae'r Eglwys wedi codi adeilad arall, a hwnnw'n ymddangos cyn uched â'r tŵr ei hun. Ar ben yr adeilad newydd y mae 'na belen enfawr, a chroes ar ben honno. Ac yn yr un olygfa yna fe welir priodas yr hen a'r newydd.

Fe ellir yn wir ddweud mai dyna ydi hanes dinas Berlin i gyd ar ôl y rhyfel. Mae rhai o'r hen, hen adeiladau wedi eu hadnewyddu, ac yn dal i sefyll ar eu traed. Mae rhai o'r hen amgueddfeydd enwog yno; mae rhai o'r canolfannau dinesig a gwladwriaethol yn dal i sefyll; ac y mae rhai o'r llefydd enwog, megis yr Unter den Linden a phorth Brandenburg, yno o hyd. Ond, y mae'r newydd yno hefyd – yn fodern, yn llachar, yn lliwgar. Mae 'na neuaddau cyngerdd newydd, mae 'na sgwariau tref modern, mae 'na ganolfannau gweinyddol newydd, mae 'na gyfleusterau siopa ardderchog. Mewn gair, mae 'na ymgais i briodi hen a newydd.

I raddau, fe ellir dweud mai dyna ydi hanes pob dinas bellach, boed hi wedi ei dinistrio gan y rhyfel neu beidio. Y mae'r hen adeiladau, fel arfer yn y canol, yn dal ar eu traed – yn eglwysi ac adeiladau dinesig; blith draphlith o'u cwmpas y mae'r blociau uchel newydd, a rhai ohonyn nhw oherwydd eu taldra fel pe'n bychanu a difa gwerth yr hen. Y broblem ydi cael priodas lwyddiannus rhwng yr hen a'r newydd, a dyna asgwrn y gynnen rhwng y Tywysog Charles a'r penseiri, gan iddo wneud y pwynt nad ydi llawer o'r adeiladau newydd yn toddi'n hapus i'n treftadaeth ni mewn adeiladau.

Rydw i wedi sôn am y peth am funud ar lefel trefi ac adeiladau. Ond rydw i'n siwr eich bod chi'n sylweddoli bod yr un peth yn wir am fywyd drwyddo draw. Mae 'na fwy o newid a datblygu wedi digwydd o fewn cwmpas oes y rhan fwyaf ohonom ni nag a welwyd yn hanes y byd erioed. Rydan ni fel pe baem ni mewn byd gwahanol ac mewn oes newydd – yr oes fodern, wyddonol, dechnolegol yma. A'r broblem fawr inni ydi sut mae cymhathu hyn efo'n treftadaeth ni, sef gyda'r etifeddiaeth yr ydan ni wedi ei derbyn ac sy'n cysylltu'n ddi-dor gyda'r oesoedd gynt. I newid y darlun, y broblem ydi sut i impio'r newydd ar yr hen gyff. Sut y mae adeiladu'r newydd heb gael gwrthdaro rhy ffyrnig rhyngddo a'r hen?

Os ydi hi'n broblem gyffredinol mewn bywyd, mae hi'n broblem ddwys iawn i ni grefyddwyr. Pobl y newydd, y gwahanol a'r chwyldroadol ydan ni. Gadewch i mi roi ychydig o adnodau o'r Beibl i brofi'r pwynt:

- dyma Eseia i ddechrau: 'Wele, y mae'r pethau cyntaf wedi digwydd, a mynegaf yn awr bethau newydd'
- dyma Jeremeia eto: 'Y mae'r dyddiau'n dod y gwnaf gyfamod newydd â thi'
- dyma Iesu: 'Yr wyf yn rhoi ichwi ochymyn newydd: carwch eich gilydd'
- a dyma Paul: 'Os yw dyn yng Nghrist, y mae'n greadigaeth newydd; aeth yr hen heibio, y mae'r newydd yma'
- a dyma lyfr olaf y Beibl: 'Yna gwelais nef newydd a daear newydd'.

Heb amheuaeth, pobl y newydd ydan ni; ac eto rydan ni'n methu cydio yn y newydd am ein bod ni'n gafael yn rhy dynn yn yr hen; rydan ni'n methu dangos y gwahanol am ein bod wedi'n caethiwo gan hualau'r arferol; rydan ni'n methu bod yn chwyldroadol am ein bod ni wedi'n cau ym mowld y traddod-iadol. Ein problem ni ydi'r berthynas rhwng newydd a hen, neu os mynnwch chi, lle mae'r hen yn ffitio yn schema'r newydd. Fe gymerir yn destun y geiriau gan Iesu sy'n sôn am **berchen tŷ sydd yn dwyn allan o'i drysorau bethau newydd a hen** (Mathew 13: 52).

**1.** Gogoniant yr hen. Wedi mynd i mewn i'r hen dŵr sy'n dal i sefyll yn Eglwys Goffa Kaiser Wilhelm, fe geir bod yr un ystafell fawr sydd yno wedi ei throi'n amgueddfa. A'r hyn a wneir yno ydi portreadu gogoniant yr Eglwys yn y gorffennol. Fe geir golwg ar y mawrion a fu mewn cysylltiad â'r Eglwys, ac ar y seremonïau lliwgar oedd yn cael eu cynnal yno. Mewn gwir-ionedd, y mae hi'n un arddangosfa fawr sy'n dangos gwychder yr Eglwys pan oedd hi yn ei bri a'i gogoniant. Dangos gogoniant yr hen a wneir.

Dyna hefyd un o'r pethau y mae'r Beibl yn ei weld dro ar ôl tro wrth edrych i'r gorffennol – gweld y mawrion weithredoedd, y rhyfeddodau, y pethau gogoneddus a wnaeth Duw. Dyna ydi hanes yn aml yn y Beibl, cyfle i adrodd ac ail-adrodd y pethau gorfoleddus y mae Duw wedi eu gwneud. Dyma'r Salmydd yn Salm 98:

Canwch i'r Arglwydd gân newydd, oherwydd gwnaeth
    ryfeddodau.
Cafodd fuddugoliaeth â'i ddeheulaw, ac â'i fraich sanctaidd.
Gwnaeth yr Arglwydd ei fuddugoliaeth yn hysbys,
datguddiodd ei gyfiawnder o flaen y cenhedloedd.
Cofiodd ei gariad a'i ffyddlondeb tuag at Israel;
gwelodd holl gyrrau'r ddaear fuddugoliaeth ein Duw.

A dyma'r un math o beth yn Salm 77:

Galwaf i gof weithredoedd yr Arglwydd,
a chofio am dy ryfeddodau gynt.
Meddyliaf am dy holl waith,
a myfyriaf am dy weithredoedd.
Ti yw'r Duw sy'n gwneud pethau rhyfedd;
dangosaist dy rym ymhlith y bobloedd.

Gogoniant Duw a'i ryfeddodau a welid wrth edrych yn ôl at yr hen hanes.

Nid y Beibl yn unig sy'n cymryd y ffordd yma o edrych ar y gorffennol. Yn ddiweddar fe ysgrifennodd yr Athro Hugh Thomas gyfrol fawr ar hanes y byd, *An Unfinished History of the World*, cyfrol sy'n wahanol i'r llyfrau hanes arferol sy'n rhoi'r digwyddiadau yn eu trefn hanesyddol ac yn symud yn daclus ar draws y cyfnodau. Yr hyn a wneir yn y gyfrol yma ydi ceisio tynnu allan y prif themâu sydd i'w gweld mewn hanes, ac un thema fawr ydi 'Gorchestion Diwydiannol' – hynny ydi, edrych yn ôl a gweld y campau. Ymhlith y rheini fe restrir darganfod y peiriant, defnyddio glo a stêm, gwella cysylltiadau mewn trafeilio a chyfathrebu, datblygu trefi a dinasoedd. Ac ymlaen ac ymlaen gyda mwy o gampau a gorchestion.

Y mae mwy nag un hanesydd yn ymhyfrydu'n iach ac yn optimistaidd yn y cynnydd a fu trwy orchestion y gorffennol. Meddai Gibbon, 'Fe allwn fod yn dawel o wybod bod pob oes wedi cynyddu ac yn dal i gynyddu gwir gyfoeth, hapusrwydd a gwybodaeth, ac efallai rhinweddau'r natur ddynol'. Yr hyn a welir mewn hanes, meddai rhywun arall, ydi hanes gwelliannau ffisegol, meddyliol a moesol. Ac y mae edrych yn ôl fel hyn ar y gorchestion a'r gogoniannau yn magu balchder, hyder ac optimistiaeth yn y galon.

Y demtasiwn fawr, wrth gwrs, ydi gor-ganmol y gorffennol, a meddwl mai yno y mae'r holl ogoniant. Dyma sydd gan awdur llyfr Daniel wrth ddisgrifio'r ddelw fawr a welodd Nebuchodonosor, delw fawr lachar ac arswydlon, ei phen yn aur, ei bronnau a'i breichiau'n arian, ei bol a'i chluniau'n bres a'i thraed yn gymysgedd o haearn a phridd. Darlun o Ymerodraethau'r byd sydd yna, a'r neges ydi eu bod yn dirywio'n gyson – o aur i arian, o arian i bres, o bres i haearn ac o haearn i bridd. Tuag yn ôl y mae'r gogoniant; dirywio y mae pethau wrth fynd ymlaen. Darlun eithafol ydio, mae'n wir; tydi'r gogoniant i gyd ddim yn y gorffennol, a tydi pob dirywiad ddim yn y presennol. Ond y mae'r darlun yn diogelu un peth – y peth a welir yn y Beibl a'r tu allan iddo, sef bod gogoniant yn perthyn i'r hen. Mae 'na ryfeddodau a gorchestion, gweithredoedd mawrion a champau.

**2.** Gwersi'r hen. I fynd yn ôl am funud at Eglwys Goffa Kaiser Wilhelm, y cwestiwn y mae rhywun yn ei ofyn wrth edrych arni ydi, pam cadw'r twr? Mae'r Eglwys i gyd wedi ei difa, ac oni fyddai'n well chwalu'r twr hefyd? Pam cadw hwn sy'n greithiau ac fel pe'n arogli o ddinistr? Yr ateb sy'n cael ei roi yno ydi hwn – i'n cadw ni rhag erchyllterau rhyfel arall. Y mae o'n symbol o'r dinistr a fu, ac yn wers er mwyn inni osgoi cael yr un peth eto. Un o'r pethau gwerthfawrocaf ynglŷn â'r hen ydi bod gwersi o hyd yn ei gôl.

Er ei ogoniannau, y mae 'na hefyd fethiant yn yr hen, ac o'r methiant fe ddylid tynnu gwersi. Mae hynny i'w gael yn y Beibl; fe wnaed rhyfeddodau yn y gorffennol, ond fe fu 'na hefyd drasiedïau a methiannau trychinebus. Ynghanol y gorchestion yr oedd 'na siom:

> Er hyn, yr oeddent yn dal i bechu,
> ac nid oeddent yn credu yn ei ryfeddodau.
> Yr oeddent yn rhagrithio â'u genau,
> ac yn ei dwyllo â'u tafodau;
> Nid oedd eu calon yn glynu wrtho,
> ac nid oeddent yn ffyddlon i'w gyfamod.
> Bu ef yn drugarog, maddeuodd eu trosedd . . .
> Eto, profasant Dduw a gwrthryfela yn ei erbyn,
> ac nid oeddent yn cadw gofynion y Goruchaf.

Mae 'na gamp a rhemp yn yr hen; brith ydi'r hanes – gorchestion a champau ar y naill law, methiannau ac anffyddlondeb ar y llall. Patrwm broc sydd iddo fo – gwyn a du blith draphlith.

Awn yn ôl am funud at lyfr yr Athro Hugh Thomas. Un thema ydi 'Gorchestion Diwydiannol'; mae 'na thema fawr arall, sef 'Methiannau Politicaidd'. Dyma rai ohonyn nhw – rhyfeloedd didostur, a'r tu ôl iddyn nhw unbenaethiaid caled a gormesol. Heblaw'r Rhyfel Mawr a Rhyfel y Natsiaid, y mae 'na eraill – y Rhyfel Oer rhwng Dwyrain a Gorllewin, ac wedyn yr holl ryfeloedd sy'n cael eu hachosi gan hilyddiaeth, boed rhwng du a gwyn, neu rhwng Iddew a'r carfannau gwrth-Semitaidd. Dyma'r trychinebau a welir wrth edrych yn ôl ar yr hen – y rhemp sydd yn y record.

Cymysgedd a welir wrth edrych yn ôl – seren yn disgleirio ac yna'n machlud, gobaith a hyder yn troi'n anobaith a digalondid. Ac y mae'r ochr yma wedi ei phwysleisio fwy nag unwaith. 'Yr hyn yw hanes', medd rhywun, 'ydi ail-adrodd di-ddiwedd ar y ffordd anghywir o fyw, ac fe fydd yr ail-adrodd yn dechrau eto fory'. Yn wir, o fynd ar ôl yr ochr yma, fe geir golwg dywyll a phesimistaidd iawn ar y byd ac ar fywyd. Fel hyn y mynegodd rhywun y peth: 'Mae profiad dyn mewn hanes wedi bod yn un o fethiant cyson'.

Un peth ydi cydnabod methiant yn y gorffennol; peth arall ydi dysgu gwers oddi wrth y methu. Dyna oedd y bwriad, beth bynnag, wrth gadw twr Eglwys Goffa Kaiser Wilhelm; fe'i cadwyd i fod yn wers ac yn neges. A'r dysgu sy'n bwysig wrth edrych ar drychinebau hanes. Yn ôl rhai haneswyr, tydi dyn byth yn dysgu. Fis Medi diwethaf, fe fu farw'r hanesydd lliwgar a phryfoclyd hwnnw, A. J. P. Taylor, ac yn un o'r ysgrifau coffa amdano fe'n hatgoffwyd mai un o'i ddaliadau cyson ef fel hanesydd oedd nad yw gwleidyddion yn dysgu dim oll oddi wrth gamgymeriadau'r gorffennol ond sut i wneud rhai newydd.

Doedd Taylor ddim ar ei ben ei hun wrth gredu fel hyn. Fe ddaru un o swyddogion y Gwasanaeth Gwladol, ar ôl iddo adael y gwaith hwnnw, nodi peth fel hyn: 'Y mae popeth wedi ei ffeilio yn Whitehall, ac y mae gennych yr holl wybodaeth am y gorffennol, ond tydach chi byth yn dysgu oddi wrtho': 'you are taught by the past, but you don't learn from it'.

Dyna un o swyddogaethau'r gorffennol yn schema'r newydd; y mae yna yn ei noethni a'i gamgymeriadau i gyd, ac ond inni edrych fe allwn ddysgu oddi wrth y camgymeriadau; fe gawn wersi. Does dim diben rhestru'r gwendidau a'r methiannau os nad ydan ni'n barod i ddysgu oddi wrthyn nhw.

**3.** Grym yr hen. Amgueddfa ydi twr Eglwys Goffa Kaiser Wilhelm; y mae'r bywyd a'r gweithgarwch creadigol yn yr adeilad newydd sydd wrth ei hochr. A dyna ydi grym yr hen – ei fod o'n wastad yn esgor ar y newydd. Gwerth edrych ar ogoniant yr hen ydi fod hynny'n ein hysbrydoli i fynd ymlaen; gwerth edrych ar y methiannau ydi ein bod yn gallu tynnu gwersi a hynny'n rhoi canllawiau inni. Does dim rhinwedd mewn aros efo'r hen; ei werth ydi ei fod o'n llwyfan inni allu ymestyn oddi arno i gyrraedd at y newydd.

Yr un sy'n rhoi'r mynegiant cliriaf i'r gwirionedd yma yn y Beibl ydi Eseia'r gaethglud, sydd yn sôn o hyd am Ecsodus newydd. Ac yr oedd hynny'n dipyn o sioc i'r Israeliaid oedd wedi arfer edrych yn ôl ar yr hen ecsodus fel carreg sylfaen eu crefydd. Meddai'r proffwyd: 'Peidiwch â meddwl am y pethau gynt, peidiwch ag aros gyda'r hen hanes. Edrychwch, rwyf yn gwneud peth newydd'. Am newid y ffocws yr oedd y proffwyd; tuedd yr Israeliaid, fel pawb arall mewn adfyd, oedd clodfori'r gorffennol, a thynnu maeth wrth edrych yn ôl ac ail-adrodd yr hen, hen hanes. Diamau bod gwerth i hynny; ond pwynt y proffwyd ydi nad yn y fan yna y mae'r ffocws bellach; dydyn nhw ddim i aros efo'r hen na hoelio meddwl ar y pethau gynt; y mae'r newydd mor syfrdanol a rhyfeddol fel mai yn y fan yna y mae'r sylw i fod. Fe adleisir hyn yn odidog gan Paul: 'aeth yr hen heibio, y mae'r newydd yma'. Grym yr hen ydi ei fod yn arwain at y newydd.

Mae 'na rai sydd wedi cymryd yr agwedd yma at hanes. Gan imi ddechrau yn yr Almaen, dyma a ddywedodd Goethe o'r wlad honno: 'Y mae ysgrifennu hanes yn un ffordd o gael gwared o bwysau'r gorffennol . . . y mae ysgrifennu hanes yn ein rhydd-hau oddi wrth hanes'. Rhaid adrodd y stori; rhaid gweld beth a ddigwyddodd. Ond fe ddylid edrych ar hynny fel proses o'n rhyddhau oddi wrth y gorffennol er mwyn inni allu wynebu'r presennol a chamu i'r dyfodol. Llwyfan i neidio oddi arno ydi'r hyn a fu; yr hyn sy'n bwysig bellach ydi'r hyn sydd a'r hyn a fydd.

Mae hwn yn bwynt hynod o bwysig i ni sydd ynglŷn â'r ffydd Gristnogol. Mae 'na gymaint yn perthyn i'n gorffennol ni; mae'r etifeddiaeth mor gyfoethog a'r gogoniannau'n ddi-fesur. Ond os na fedrwn symud ymlaen oddi wrth ein gorffennol y mae'n mynd i erthylu'n presennol a difetha'n dyfodol. Y mae aros efo'r gorffennol a'i wneud yn ffocws yn mynd i'n gwneud yn grupul wrth wynebu heddiw ac yfory. A rydw i'n berffaith siwr mai methu delio efo'r hen yn schema'r newydd ydi un o'n

43

profedigaethau mawr ni. Y mae'r hen wedi mynd yn faich yr ydan ni'n methu dod yn rhydd oddi wrtho. Mae baich adeiladau yn rhy fawr i'r gofyn, a'r gôst o gynnal, cadw ac atgyweirio yn ein llethu ni. Mae baich yr hen fodel, yr hen batrwm – yr un nifer o oedfaon, yn cael eu cynnal yn yr un ffordd – yn faich nad oes ganddom ni'r adnoddau i'w gynnal. Mae'r mynegiannau traddodiadol o'r ffydd – a'r amharodrwydd i gysylltu ac i berthnasu – yn llyffethair sy'n ein rhwystro. Y mae gwerth i'r hen; fe geir maeth ysbrydol ac fe'n hysbrydolir gan ei ogoniannau; ac y mae gwersi i ni ynghlwm wrth ei fethiannau. Ond y mae ei rym o hyd mewn symud ymlaen oddi wrtho at y newydd. Rhaid cydio yn ei ogoniant i'n hybu ymlaen; rhaid cydio yn ei wersi i'n symud i'r dyfodol. Trychineb ydi'r hen os arhoswn gydag o am ei werth ei hun. Y mae lle i'r hen yn schema'r newydd, ond y mae lle iddo os peidiwn â chael ein caethiwo ganddo a bod yn ddigon rhydd oddi wrtho i wynebu'r newydd. Rhaid 'dwyn allan..bethau newydd a hen'.

✦   ✦   ✦

Emynau:  127  'Newyddion braf a ddaeth i'n bro'
         779  'Tydi a wyddost, Iesu mawr'
         819  'Mae gan Iesu waredigaeth'
         624  'Dal fi'n agos at yr Iesu'

Darllen:  Salm 106: 1-15, 43-48

Gweddi:  *Ein Tad, yr hwn wyt yn y nefoedd,gofynnwn i Ti roi dy help inni'r munudau yma i feddwl amdanat Ti,*

– *i aros am funud a throi oddi wrth ein prysurdeb di-ddiwedd a meddwl am yr Un sy'n rhoi ystyr i'n byw a'n bod,*
– *i ymestyn uwchlaw ein bywyd llawn gweithgareddau a'i ymdrechion di-rifedi,*
– *i godi'n uwch na'r pethau sy'n ein rhwystro ni, yn ein caethiwo ac yn ein cyfyngu ni at y Gwir ei Hun.*

*Ac wrth inni fel hyn geisio meddwl amdanat Ti, rydan ni'n*

sylweddoli gymaint o bethau sy'n ein rhwystro ni, ac mor gaeth ydan ni mewn gwirionedd. Yn un peth rydan ni'n gaeth i'n syniadau set ni'n hunain; rydan ni'n cael ein cyfyngu gan derfynau'r meddwl meidrol, ffaeledig yma. Mae arnom ni gywilydd gorfod cydnabod, ein Tad, gymaint o bethau sy'n cyflyru'r ffordd rydan ni'n meddwl, yn agor rhigol ar ein cyfer ni ac yn ein rhwystro ni rhag symud i gyfeiriad y gwahanol a'r cynhyrfus. Wrth feddwl amdanat Ti rydan ni'n syweddoli mor gaeth ydan ni i'n harferion ein hunain; rhyw fynd yn ôl y patrwm yr ydan ni o hyd, cadw at drefn pethau, cerdded yn yr un hen lwybrau.

Mae'n rhaid inni gyfaddef, ein Tad, ein bod ni'n teimlo weithiau bod y cyfan mor ddi-fflach a'n bod ni'n cael ein llethu. Mae'r patrwm fel pe bai o wedi ei rewi, a 'rydan ni'n methu gwthio allan i gyfeiriad y gwahanol a'r newydd. Wrth inni geisio addoli fel hyn, a meddwl am y traddodiad cyfoethog yr ydan ni wedi ei etifeddu, rydan ni'n gweld, ein Tad, mor gaeth ydan ni i'n doe. Fe wyddom ni'n iawn mor barod ydan ni i edrych dros ysgwydd, ac i weld y man gwyn y tu ôl inni. Mae'r hen ogoniannau yn edrych mor llachar, a'r rhai sydd wedi bod o'n blaenau ni yn ymddangos mor gawraidd. Mewn dyddiau mor ddreng â'r rhain mae hi'n hawdd iawn inni gael ein tynnu'n ôl at y dyddiau pan oeddat Ti'n cerdded yn drwm yn ein plith ni fel pobl, a mae hi'n hawdd i hynny fynd â'n bryd ni. 'Rydan ni'n teimlo weithiau ein bod ni'n ymgolli cymaint yn ein doe nes methu delio efo heddiw, yn meddwl gymaint am yr hen nes methu gweld y gwaith newydd yr wyt Ti yn ei wneud o hyd.

Ofn sydd arnon ni, ein Tad, bod yr holl rwystrau yma'n ein hatal ni, yn peri inni golli'n cyfle a'n gwneud ni'n fethiant. A rydan ni yn teimlo o hyd ynom ni'n hunain mai methiant ydan ni:

- rydan ni'n methu cyrraedd ein posibiliadau llawn,
- yn byw yn grintach, grebachlyd,
- yn byw yn ddi-ddychymyg ac yn ddi-angor,
- yn byw ar lefel hunanol, faterol, yn methu cydio yn ein cyfle i fod yn adeiladol, greadigol yn ein cymdeithas, y gymdeithas ranedig yma, y gymdeithas ffyniannus, faterol, y gymdeithas

*yma sydd fel pe'n crefu am gael ei harwain at y pethau sy'n cyfri.*

*'Rydan ni'n syweddoli, ein Tad, bod gennym ni gyfrifoldeb at ein cymdeithas, ond rydan ni'n gwybod hefyd bod 'na bethau sy'n ein rhwystro ni ac yn cyfyngu arnon ni, a'n bod ni o'r herwydd yn colli'n cyfle ac yn gweld ein hunain yn fethiant.*

*Ein gweddi yn awr, ein Tad, ydi gofyn i Ti ein helpu ni i ehangu'n gorwelion, i godi uwchlaw ein cyfyngiadau ac i orch-fygu ein rhwystrau. Yn Iesu Grist, Amen.*

# 5
# CHARTRES
## (1993)

Ar daith trwy Ffrainc yr haf yma fe gawsom ni gyfle i ymweld ag Eglwys gadeiriol nodedig Chartres. Un o'r pethau sy'n ei gwneud hi'n nodedig ydi ei bod hi ar safle sy'n ymestyn yn ôl i'r unfed ganrif ar ddeg. Peth arall nodedig amdani ydi uchder ei thyrau hi; y mae nhw i'w gweld o bellter mawr, gan mai hi ydi'r Eglwys Gadeiriol dalaf yn Ewrop.

Ond dau o nodweddion eraill y gadeirlan oedd yn arwydd-ocaol i mi. Y mae ynddi hi 170 o ffenestri lliw, a'r rheini'n darlunio cymeriadau o'r Beibl ac yn dangos rhai o olygfeydd y Beibl hefyd. Mae panelau'r ffenestri wedi eu trefnu'n y fath fodd fel eu bod nhw'n chwarae ar rifau arwyddocaol yn y Beibl, rhifau fel 3, 7 a 40. Fe ellid treulio oriau maith yn gwneud dim ond astudio'r ffenestri a manylu ar arwyddocâd y patrymau sydd i'w gweld ynddyn nhw.

Arwyddocaol dros ben hefyd ydi'r cerfiadau a'r ffigurau plaster sydd o amgylch yr Eglwys, ac fe gefais i gyfle i sylwi'n arbennig ar rai o'r ffigurau sydd o gwmpas prif borth y Gadeir-lan. Ar y naill ochr roedd Abraham ar fedr mynd i offrymu Isaac, ond yn cael hwrdd yn y drain i'w offrymu yn ei le; gyferbyn ag o, yr ochr arall i'r porth, 'roedd yr efengylydd Ioan yn dal yn ei freichiau 'oen Duw', sydd yn tynnu ymaith bechodau'r byd. Ar y naill ochr eto roedd Melchisedec, brenin Salem, y mae sôn amdano yn llyfr Genesis; fe'i disgrifir yno fel offeiriad i'r Duw Goruchaf, ac fe ddywedir ei fod wedi dwyn allan fara a gwin; gyferbyn ag o, yr ochr arall eto, roedd Crist a oedd yn rhoi ei gorff a'i waed er mwyn rhoi bywyd i eraill. Y mae'r cyfateb sydd rhwng dwy ochr y porth yna yn rhyfeddol. Ac fe ellid mynd ymlaen ac ymlaen i sylwi ar y cerfiadau a'r ffigurau a gweithio allan eu harwyddocâd.

Ymhen dyddiau wedyn, wrth rhyw ail-fyw'r profiad yma o fynd trwy'r Eglwys Gadeiriol yn Chartres, y daeth rhai pethau yn fwy amlwg imi. Y geiriau y byddwn ni'n eu cymryd yn sail i'r hyn a ddywedir ydi'r rhain o'r llythyr cyntaf at y Corinthiaid (10: 16): **Cwpan y fendith yr ydym yn ei fendithio, onid cydgyfranogiad o waed Crist ydyw? A'r bara yr ydym yn ei dorri, onid cydgyfranogiad o gorff Crist ydyw?**

**1.** Y pwynt amlwg cyntaf i'w wneud ydi bod yn rhaid inni wrth symbolau i amgyffred gwirioneddau mawr crefydd. Eglwys Babyddol ydi'r gadeirlan yn Chartres, ac fel y gallwch chi ddychmygu mae'r symbolau yno'n niferus iawn, yn Babyddol eu naws ac weithiau'n gymhleth iawn i'w dilyn. I ymneilltuwr bach o Sir Fôn, roeddan nhw'n ormod ac wedi eu gor-wneud yn enbyd. Ond wedi dweud hynny, y mae'r gwirionedd yma'n sefyll – fedrwch chi ddim amgyffred byd Duw ond trwy ddarluniau o fyd dyn.

Ddaru neb weld y peth yma'n gliriach na Iesu Grist ei hun. Darluniau oedd yn gyfarwydd iawn i'w wrandawyr oedd ganddo fo wrth iddo egluro gwirioneddau mawr y Ffydd. Dyma rai ohonyn nhw – dinas ar fryn, cannwyll o dan lestr, tŷ ar graig neu ar dywod, heuwr yn mynd allan i hau, costrel win yn rhwygo, gosod patch ar hen ddilledyn, bwrw rhwyd i'r môr. Dyna'r pethau yr oedd Iesu'n sôn amdanyn nhw, ac wrth ddefnyddio'r darluniau yna o bethau cyfarwydd, agos-atom, yr oedd o'n llwyddo i gael ei neges drosodd. Yn wir, roedd 'na gymaint o'r darluniau yma fel y dywedodd un o'r efengylwyr am Iesu – 'Hyn oll a lefarodd Iesu trwy ddamhegion wrth y torfeydd; ac heb ddameg ni lefarodd efe wrthynt'.

Gwerth symbol ydi ei fod yn dod â'r pell yn agos trwy ddefnyddio'r cyfarwydd; fe ddaw'r ysbrydol yn ystyrlon trwy ei wisgo mewn cnawd; fe ddaw'r tragwyddol yn fyw ac yn rial trwy gael ei fynegi'n faterol ac ymarferol.

Wrth gwrs, y mae i symbolau eu peryglon. Un ohonyn nhw ydi bod amgylchiadau'n newid, a tydi hi ddim yn dilyn bob amser bod darluniau sy'n perthyn i un oes yn ystyrlon mewn oes wahanol. Tydi symbolau yn perthyn i gymdeithas agos at fyd natur, gyda llawer o flas y pridd arnyn nhw, ddim yn meddu'r un grym i gymdeithas ddiwydiannol ac i bobl drefol sydd wedi pellhau oddi wrth fyd natur ac wedi torri'r cysylltiad â'r bywyd gwledig. Fe awgrymodd y seicolegydd Jung mai un o anhwylderau'r dyn modern ydi ei fod o'n newynu am symbolau; y mae grym yr hen rai wedi darfod, a does ganddo fo mo'r dychymyg i greu rhai newydd.

Mae 'na berygl arall hefyd, ac y mae hwnnw wedi bod yn brofedigaeth i'r Eglwys ar hyd y canrifoedd, sef gorweithio symbol. Yr hyn sy'n digwydd ydi ei fod o'n cael ei gymryd yn rhy llythrennol; mae 'na anghofio mai darlun cyffredinol ydi o, ac y mae 'na bwyso ar y manylion, ar bob gair a sill a llythyren. Trwy or-bwyso fel hyn ar y manylion, fe gollir grym yr awgrym cyffredinol. Dyna ichi rai o eiriau'r testun – 'onid cydgyfranogiad o gorff Crist ydyw?' Ac fe gredir gan amryw o ganghennau o'r Eglwys Gristnogol bod y bara trwy rhyw wyrthiol ymyriad yn troi'n gorff Crist; dyna un o'r rhesymau am y gwahanu mawr a fu – y Pabyddion yn derbyn y dehongliad sy'n gorffwys ar yr ystyr llythrennol, a'r Protestaniaid yn gwrthod hynny. Cymryd y symbol yn llythrennol wneir yn lle ei werthfawrogi fel darlun.

Beth bynnag am y peryglon, dyma ni'n ôl eto i ddweud ein bod ni'n dibynnu ar symbolau; y mae'n rhaid wrth symbolau a darluniau ym myd crefydd.

**2.** Y mae'r symbolau sydd gennym ni yn y gwasanaeth yma – gwasanaeth y Cymun – yn ein symud ni oddi wrth fwyd at fywyd. Gadewch inni fynd yn ôl am funud i'r Gadeirlan yn Chartres; fel y dywedwyd yn barod, ar y naill law i'r porth saif Melchisedec, brenin Salem, gyda bara a gwin yn gynhaliaeth, ac ar y llaw arall saif Iesu, bara'r bywyd. Y mae'r ddau ffigiwr yna oddeutu'r porth yn gwneud y symudiad yma oddi wrth fwyd at fywyd. Dychmygwch am funud eich bod chi yn yr Oruwchystafell noson y Swper Olaf; yr hyn oedd yno oedd criw lluddedig o fechgyn wedi dod at ei gilydd ar ddiwedd diwrnod ac o gwmpas bwrdd yn cael tamaid o swper efo'i gilydd ar drothwy'r Pasg. Mae Iesu'n cydio yn y dorth, ac fel y byddid yn arfer yn dryllio tamaid ohoni cyn ei phasio ymlaen i'r nesaf, a hwnnw'n gwneud yr un peth cyn ei phasio ymlaen at y nesaf ato. A dyma Iesu'n dweud , 'Hwn yw fy nghorff'. Yr un modd eto mae o'n cymryd diod o'r cwpan gwin, yn ei phasio ymlaen i'r nesaf ac yn dweud, 'Hwn yw fy ngwaed'. Tydi'r geiriau yna ddim i'w cymryd yn llythrennol; symbolau yn codi o'r bwrdd bwyd ydyn nhw er mwyn cyfleu rhywbeth am fywyd.

Mae'r holl beth yn ymddangos yn syml iawn o'i roi fel'na. Ond y mae'r symbolau syml yna wedi eu cymhlethu'n ofnadwy. Un o'r rhesymau am hynny ydi'r syniad oedd yn yr hen fyd bod hanfod bywyd mewn gwaed, ac mai'r ffordd i sicrhau'r bywyd hwnnw oedd trwy aberthu gwaed. Felly fe ddaeth y syniad o 'aberth' i mewn i'r darlun. Mae 'na dystiolaeth ar gael o wahanol fannau yn yr hen fyd i ddangos mor bwysig i bobl gynt oedd y syniad yma o aberthu'r peth oedd yn cynrychioli bywyd er mwyn sicrhau bywyd. Yn amryw o'r hen wareiddiadau yma roedd aberthu plentyn neu aberthu caethwas yn digwydd, a thrwy aberthu gwaed, oedd yn cynnwys bywyd, yr oedd yr aberth yn sicrhau bywyd i'r gymdeithas. Hen arfer cyntefig, meddwch chwi; ie'n sicr, cyntefig iawn. Ond y mae ystyr y symbolau'n gwbl eglur; ymgais ddyfnaf dyn ydi ei ymgais am fywyd, ac y mae o wedi dewis symbolau sydd yn eu ffordd eu hunain yn cyfleu pwysigrwydd bywyd. Yn y traddodiad yna y saif y ddau symbol sydd ar fwrdd y Cymun, bara a gwin; ac fe'n symudir o fwyd at fywyd.

Mae 'na amryw o ffyrdd eraill o bwysleisio'r un peth. Yr oedd y Cristnogion cyntaf yn ymwybodol iawn mai ar y Pasg yr oedd y pethau yma'n digwydd, ac fe âi hynny â nhw'n ôl yn syth at yr hanes am yr ecsodus a'r waredigaeth o'r Aifft. Heblaw y pwyslais ar aberth yn yr hanes hwnnw, yr oedd o'n help hefyd i feddwl am rywbeth arall, sef y syniad o waredigaeth, ac y mae hwnnw'n cael ei ail-adrodd. Yr oedd hanes yr ecsodus yn sôn am symud o gaethiwed i ryddid, o ormes yr Aifft i fwynhau bywyd o ryddid unwaith eto. Ac y mae'r un symud yn cael ei ddathlu yma wrth y bwrdd.

Yn y traddodiad Groegaidd, ar y llaw arall, yr oedd y symbolau yma yn dangos ein bod yn dibynnu ar y ddaear a'i ffrwyth i'n cynnal. Mewn geiriau eraill, rydan ni'n dibynnu ar Dduw am gynhaliaeth ac am fywyd. Trwy gael y pethau yma sy'n cynnal bywyd, fe'n helpir i oresgyn dadfeiliad a llygredd ac i fwynhau bywyd.

Sut bynnag yr edrychwch chi ar y symbolau yma – fel aberth, neu yn arwydd o waredigaeth fel yn y traddodiad Iddewig neu yn arwydd o gynhaliaeth fel yn y traddodiad Groegaidd, y mae un peth yn gyffredin iddyn nhw i gyd, yr ydan ni'n delio â symbolau sy'n sôn am fywyd.

Does dim angen dweud bod y math o fywyd yr ydan ni'n sôn amdano yn y cyswllt yma yn golygu mwy na byw. Ar draul symleiddio'r peth yn ormodol, fe ellir dweud bod yna rhyw dair lefel fel hyn: ar y gwaelod isaf un y mae 'bodolaeth', rhyw fod, a dim mwy na hynny; ychydig yn uwch na hynny y mae 'byw', sef ar y lefel o gadw corff ac enaid gyda'i gilydd; yn uwch na hynny eto y mae 'byw' mewn ystyr llawnach, sef 'cael bywyd, a'i gael yn helaethach'. At fywyd ar y lefel uwch yna y mae'r symbolau yma'n cyfeirio. Cawn ein hatgoffa mai yn Nuw y mae hanfod y gwir fywyd.

**3.** Y mae'r symbolau yma'n ein symud at fywyd trwy golli. Yn y cymhlethdod o symbolau yr ydan ni wedi sôn amdanyn nhw fe geir yn gyson yr elfen yma o golli – lladd yr aberth, tywallt gwaed, tywallt y gwin, dryllio'r corff, torri'r bara. A'r hyn y mae'r darluniau yma i gyd yn ei wneud ydi pwysleisio'r gwirionedd Cristnogol rhyfeddol yma: trwy golli y mae ennill; trwy roi y mae cael; mewn aberthu, hunan-aberthu, y mae bywyd; trwy godi'r groes y ceir coron.

Mae 'na ddod yn ôl o hyd ac o hyd at y gwirionedd yma. Mae 'na rai wedi dod yn ôl ato fo ac ail-ddarganfod ei arwyddocâd yn ein canrif ni. Dyna'r bobl sydd wedi bod yn dioddef o ormes a thlodi a thrais yn ne America, ac o'u dioddefiadau hwy y cododd y syniad o 'Ddiwinyddiaeth Rhyddhad', gyda'i chri am i'r Eglwys ymysgwyd o'i chyfforddusrwydd dosbarth canol ac uniaethu ei hun â'r dioddefwyr.

A dyna'r Ffrances Simone Weil yn mynnu 'bod cystudd eraill wedi cael lle yn fy nghnawd a'm henaid'.

A dyna'r Almaenwr Dietrich Bonhöffer yn dweud mai un sydd gyda Christ yn ei ddioddef yw'r Cristion.

Dyna mae'r symbolau yn ei ddweud wrthym ni. Mae'r bara'n cael ei dorri, mae'r gwin yn cael ei dywallt, a hynny'n dweud wrthych chi a fi mai ar y llwybr yna – llwybr dioddef a llwybr hunanaberth – y mae bywyd. Symbolau gwag iawn ydyn nhw os byddwn ni'n mynd o wasanaeth fel hwn yn teimlo'n fodlon ein byd, yn gyfforddus ein hysbryd, yn dawel ein calon. Y mae nhw'n symbolau byw pan uniaethwn ni'n hunain â dioddefaint y byd a sylweddoli mai'r llwybr yna – llwybr dioddef a cholli - ydi'r unig lwybr sy'n arwain i fywyd.

✦   ✦   ✦

Emynau: 100 'Wel dyma'r Ceidwad mawr'
250 'Tyrd, Ysbryd Sanctaidd, rho dy wawr'
866 'Wrth nesu at dy allor lân, O Dduw'
839 'Dyma gariad, pwy a'i traetha?'

Darllen: Luc 22: 14-30

Gweddi: *Wrth inni nesáu atat Ti, ein Tad, yn y gwasanaeth arbennig yma, rydan ni'n gorfod cydnabod bod yna lawer iawn o bethau mewn bywyd sy'n ddirgelwch i ni, pethau nad ydan ni ddim yn medru eu deall na'u hamgyffred. Mae 'na ryw bethau yn digwydd i ni, ac yn digwydd i gyfeillion inni, sydd i ni beth bynnag yn ymddangos yn dywyll, yn estron ac yn gwbl ddi- ystyr. Ac ar adegau felly y cyfan y gallwn ei wneud ydi plygu'n ostyngedig a chyfaddef bod yna lawer o bethau sydd y tu hwnt i ddeall a rheswm.*

*Ac wrth inni feddwl amdanat Ti yn y fan yma yn awr, rydan ni'n gorfod cydnabod bod 'na lawer iawn o bethau ynglŷn â Thi hefyd nad ydan ni ddim yn eu deall. Rydan ni yn y gwasanaeth* arbennig yma yn cofio am rywbeth nad ydan ni byth yn medru ei amgyffred o'n iawn. Mae hi'n anodd iawn i ni dderbyn bod yna iachawdwriaeth mewn marwolaeth a bod yna ennill mewn colli, a bod y marw a'r colli'n angenrheidiol. A mae hi'n anodd iawn inni amgyffred sut y mae a wnelo hynny i gyd â ni yn y fan yma, sut y mae bywyd i ni ynghlwm wrth y marw yna ddwy fil o flynyddoedd yn ôl.

Ond er cymaint y dirgelwch, rydan ni'n diolch i Ti bod yna ryw bethau sy'n goleuo ein deall ni ac yn help inni fedru amgyffred. Mae 'na ambell i ddarlun yn y meddwl sy'n dod â phethau'n fyw iawn inni; mae ambell i air awgrymog yn gallu bod yn drwmlwythog o ystyr; mae 'na ambell i beth yr ydan ni wedi ei glywed neu rhyw eiriau yr ydan ni wedi eu dysgu ryw dro sy'n cynnwys yr allwedd i agor y drws inni. Ac y mae plygu fel hyn i gofio ac i feddwl, o dan arweiniad Dy ysbryd Di, yn gallu cyffwrdd â'r meddwl ac â'r galon.

Am ofyn yr ydan ni felly'n awr, ein Tad, wnei Di ein goleuo ni ac ymwneud â ni er mwyn inni allu cael at y pethau sy'n cyfri. Arwain ni y tu draw i'r geiriau a ddefnyddiwn ni, y tu draw i'r gweithredoedd syml a wnawn ni, a'r tu draw i'r symbolau a ddefnyddiwn ni, at y gwir hanfod, at y peth byw, at y gwir fywyd sydd ynot Ti.

> Wrth nesu at dy allor lân, O Dduw,
> Rho inni'n awr dy weld, dy weld a byw.

Wrth inni ein cyflwyno'n hunain i Ti yn awr, rydan ni'n gofyn i Ti gadw yn ein calonnau ni y rhyfeddod at ddirgelwch; gwared ni rhag inni fod mor faterol nes colli'r ddawn i synnu a rhyfeddu. Cadw yn ein calonnau ni hefyd y diolch a'r llawenydd o fedru canfod; gwared ni rhag inni fod mor galongaled a dall nes ein bod yn methu gweld.

Gofynnwn y cyfan yn Iesu Grist, ein Harglwydd, Amen.

# 6

# PWLLHELI

## (1994)

Rai wythnosau'n ôl fe ddychwelodd y nofelydd rhyfeddol Alexander Solzhenitsyn i Rwsia. Bellach yn ŵr 75 oed fe ddaeth yn ei ôl o'r 'Merica i'r Rwsia lle'r oedd o unwaith yn annerbyniol, y Rwsia oedd wedi ei orfodi i fyw'n alltud am gyfnod o ugain mlynedd. Yr oedd llwyfan wedi ei osod yn barod ar ei gyfer, bwrdd gyda melfed coch drosto, er mwyn iddo eistedd yno i gael ei holi gan dyrfa o ohebwyr papur newydd, a'r camerau a phobl y teledu yn ricordio pob sill a ddôi dros ei enau. Fe ddywedodd lawer o bethau diddorol am Rwsia, ond llawer pwysicach i ni ydi'r pethau a ddywedodd am wledydd y Gorllewin. Ar ôl ugain mlynedd o fyw yma, dyma oedd ganddo fo i'w ddweud:

> 'Yn ara bach y mae'r Gorllewin wedi dechrau mygu oherwydd ei anffyddiaeth. Y mae rhan ucha'r ysgyfaint ar goll. Mae ganddyn nhw bopeth; mae'r siopau'n llawn, mae digon o ddillad, does dim problem trafnidiaeth, fe gewch fynd yn rhydd i'r fan a fynnwch. Ond y mae rhywbeth ar goll. A heb y rhywbeth hwnnw, tydi dyn ddim yn berson'.

Ac yna fe ychwanegodd, gyda'i dafod yn ei foch efallai, 'tydw i ddim yn genhadwr, tydw i ddim yn trio achub neb'. Mae geiriau Solzhenitsyn yn rhai eithriadol o bwysig; y mae 'na rai ymadroddion y dylem ni wneud sylw ohonyn nhw: 'rhan ucha'r ysgyfaint ar goll', 'rhywbeth ar goll', 'heb y rhywbeth hwnnw, tydi dyn ddim yn berson'.

Mae'r geiriau'n bwysig am eu bod wedi eu llefaru gan rywun

o'r tu allan. Nid rhywun o'r tu mewn sydd wedi blino a blino ar ddweud rhywbeth, a neb yn gwrando, sydd yma. Y bobl sydd, fel arfer, yn dadansoddi cyflwr cymdeithas ac yn ceisio ennill clust y cyhoedd, ydi'r gwleidyddion a'r pregethwyr. Ac y mae hi'n demtasiwn i'r naill a'r llall ohonyn nhw anobeithio – does neb yn gwrando, does gan neb ddiddordeb, does neb eisiau clywed am raglenni gwleidyddol nac am bresgripsiwn diwinyddol; mae'r cyhoedd yn ddifraw, a heb ddigon o ddiddordeb hyd yn oed i feirniadu. Y demtasiwn ydi anobeithio, a dweud fel y gwnaeth rhywun yn ddiweddar – 'y mae'r boblogaeth, deiliaid y wladwriaeth a deiliaid yr eglwys, wedi dirywio i fod yn ddim byd ond prynwyr (*consumers*)'. Dweud yr ydan ni, mewn ffordd mwy ymfflamychol, a llai effeithiol, na Solzhenitsyn bod dyn wedi mynd yn gwbl faterol a bod 'rhan ucha'r ysgyfaint ar goll'.

Peth arall sy'n gwneud geiriau Solzhenitsyn mor bwysig ydi eu bod nhw mor wir, eu bod nhw wedi mynd at yr asgwrn. Nid unwaith na dwywaith yr ydan ni wedi clywed pobl yn sôn am fateroliaeth ein cyfnod ni. Un ffordd o ddweud y peth ydi'r un a gymrwyd yn ddiweddar wrth ddisgrifio beth sydd wedi digwydd i'r Sul, ac yn wir i'r wythnos yn ein calendrau ni. Nid y Sul sy'n marcio terfynau'r wythnos bellach; fe'i nodir gan farciau ein pleserau personol, a'r uchelfannau ydi'r ffilm, neu ffwtbol, neu bleserau'r teulu. Nid yw dyn bellach yn ddim mwy nag anifail deudroed sy'n siopa. Mae iaith y siop, y *consumer*, wedi treiddio trwy fywyd i gyd. Tydi claf sy'n gofyn gofal yn ddim bellach ond cwsmer mewn cyfundrefn ariannol. Tydi myfyriwr sy'n dod i'w addysgu yn ddim ond cwsmer yn y gyfundrefn fawr faterol.

A'r hyn sydd gen i eisiau ei wneud ydi pwysleisio unwaith eto bwysigrwydd yr ochr arall – yn syml, yr ochr uwchfaterol, ysbrydol i fywyd, neu, a defnyddio geiriau Solzhenitsyn, 'rhan ucha'r ysgyfaint'.

Un gair o broffwydoliaeth Eseia ydi'r testun – **Immanuel** (Eseia 7: 14), gan gofio hefyd am y troednodyn **'Y mae Duw gyda ni'**. Pe bawn i'n siarad efo myfyrwyr, fe fyddwn yn dweud bod yn rhaid deall yr adnod yn ei chyd-destun, ac y mae 'na ddau o'r rheini – y cyd-destun gwreiddiol, sef y sefyllfa hanesyddol pan oedd Eseia'n siarad efo'r brenin Ahas, ac yna y cyd-destun Cristnogol, pan gymrwyd yr adnod o'i chyd-destun gwreiddiol a rhoi iddi ystyr newydd. Rydw'i am dorri'r rheol euraid yna, a chymryd y gair 'Immanuel' i awgrymu tri chwlwm hanfodol:

**1.** Y cwlwm rhwng materol ac ysbrydol. Gan fod y testun wedi ei gymryd o'r Hen Destament, cystal inni atgoffa'n hunain am un o wirioneddau amlwg y gyfrol honno – tydi'r Hen Destament ddim yn gwahanu rhwng materol ac ysbrydol. Un Duw oedd o, ac yr oedd o'n llywodraethu dros un byd; yr oedd i'r drefn yna rhyw gyfanrwydd, a roedd hi'n rhoi crynder i fywyd. Disgrifir Duw'r Hen Destament fel Arglwydd nefoedd a daear; yn ôl y Salmydd roedd ei ogoniant yn y cysegr, a'i lais Ef oedd yn gwneud i'r anialwch grynu ac i'r ewigod lydnu. Y mae felly hefyd yn ei berthynas â phobl; y mae ganddo ei ofynion crefyddol (dyletswyddau'r cysegr) a'i ofynion moesol (dyletswyddau bywyd), ac y mae'r cyfan yn un parsel.

Fe gefais gyfle yn ystod yr haf i fynd i eglwys hynafol Pennant Melangell, yn ymyl Llangynog wrth droed y Berwyn. Mae o'n lle pell a phrydferth eithriadol a'r hen sefydliad crefyddol yno'n mynd yn ôl i'r chweched ganrif. Yn y llyfryn bach sy'n rhoi hanes yr Eglwys fe gyfeirir at gerdd Cynddelw i Eglwys Tysilio yn Meifod,a dyma a ddywedir am honno: 'fe geir syniad byw o fyd lle nad oedd y gwahanfur rhwng cysegredig a bydol hyd hynny wedi ei godi'. Yr oedd ysblander y dyffryn, cynhesrwydd y gymuned a moliant i Dduw, y cyfan yn un, heb wahanfur rhyngddyn nhw.

Fel y gwyddoch chi, y mae'r gwahanfur wedi ei godi, a rydan ni'n treulio llawer iawn o amser yn ceisio diffinio'r berthynas rhwng y naill ochr a'r llall. Sawl gwaith yr ydan ni wedi clywed sôn am berthynas yr Eglwys a chymdeithas, yr Eglwys a gwleid-yddiaeth, yr Eglwys a diwydiant, yr Eglwys a'r wladwriaeth? Ceisio delio yr ydan ni ag anhawster y gwahanfur, â melltith y compartmenteiddio ar fywyd.

Mwy trist na'r hollti ydi'r ffaith bod cynifer bellach heb unrhyw ddiddordeb yn yr ochr arall i'r gwahanfur. Mae nhw'n gyfforddus ddigon yr ochr yma, yr ochr faterol, fydol, ac yn aml ddim yn cydnabod bodolaeth, heb sôn am bwysigrwydd, yr ochr arall. Fe allwch eu galw'n bobl un llawr, neu, a defnyddio iaith Solzhenitsyn, yn bobl sydd wedi colli rhan ucha'r ysgyfaint; un peth sy'n sicr, mae nhw'n deulu niferus iawn. Yr hyn sydd eisiau ei ddweud, a'i ddweud yn gwbl glir wrth y bobl yma ydi nad ydyn nhw ddim yn gwybod beth ydi bywyd heb ei gymryd o yn ei gyfanrwydd. Byw'n unochrog, unllygeidiog, byw ar lefel arwynebol ac anghyflawn, y mae rhywun sy'n gwrthod rhoi lle i'r ysbrydol. Mae'n rhaid clymu materol ac ysbrydol wrth ei gilydd.

Peth sy'n rhyfeddol o wir erbyn hyn ydi bod yna gymaint o leisiau o'r tu allan yn crefu am y teimlad yma o gyfanrwydd ac yn hawlio lle i'r ysbrydol mewn bywyd. I ddechrau dyma Athro Ffiseg o Brifysgol Llundain yn ein rhybuddio ni rhag darlun tameidiog – *fragmentary* – o fywyd. Gweledigaeth beryglus ydi'r weledigaeth dameidiog; fe â'r darnau bach i wrthdaro ac i frwydro yn erbyn ei gilydd, ac yn y diwedd fe geir tanchwa ofnadwy. Ac wedyn dyma'r Athro James Lovelock yn siarad efo Cyfeillion y Ddaear ac yn rhoi ei fys ar yr un peth, ac yn dweud mai'r trychineb mawr bellach ydi bod gwyddonwyr wedi peidio â gweld y byd fel cyfanrwydd. Mae pob un yn gweithio yn ei gornel fach ei hun, yn brysur, yn athrylithgar, yn canolbwyntio – ond yn methu gweld y darlun cyfan. I mi, coron y dywediadau yma ydi geiriau'r gwyddonydd enwog J. S. Haldane – 'Y casgliad y gorfodwyd fi i ddod iddo, ar ôl oes o astudio gwyddoniaeth, yw bod y bydysawd yn fydysawd ysbrydol, a bod gwerthoedd ysbrydol yn allweddol'.

Ac yn sicr dyma rywbeth y mae angen ei ddweud a'i ddweud yn yr oes unochrog yma: allwch chi ddim anwybyddu'r ysbrydol, oherwydd mae 'na gwlwm annatod rhwng materol ac ysbrydol. Pan fu farw'r dramodydd hynod Harold Pinter yn gynharach eleni, fe wnaeth rhywun y sylw ei fod o ymhob drama yn dod â Duw i mewn yn rhywle. Doedd ei weledigaeth o ddim yn glir a doedd ei afael o ar bethau ddim yn sicr – ond eto, fedrai o ddim gadael llonydd i Dduw a roedd yn rhaid iddo gael dod â fo i mewn. Ymbalfalu yr oedd o am le i'r ysbrydol a cheisio'i glymu wrth fywyd. Y weledigaeth yma o gwlwm rhwng deufyd sydd yn y gair 'Immanuel'.

**2.** Y cwlwm rhwng pwer a pherson. Un peth ydi dweud ein bod ni'n credu yn yr ysbrydol;mater arall ydi diffinio'r ysbrydol a dweud beth yn union y mae'n ei olygu.

Y cam cyntaf, mae'n siwr gen i, ydi dweud ein bod ni'n credu mewn pwer arall, mewn rhyw rymuster sydd goruwch y byd materol yma a goruwch pob un ohonom ni fel pobl. Mae o'n bwer sydd wedi treiddio i mewn i elfennau'r bydysawd ac yn gwneud i'r olwynion droi; mae o'n bwer sy'n meddiannu bywyd dyn ac yn gwneud iddo fo anelu at y da a'r uwch. Dyna'r cam cyntaf – cydnabod bod yna rhyw bwer arall. Ond fel y gwyddoch chi, mae'r Beibl wedi cymryd ail gam; mae o wedi rhoi enw ar y pwer yna, a mae hynny'n golygu ei fod o'n berson a bod ganddo fo gymeriad. Yn ôl darlun y Beibl mae o'n medru dod i berthynas â ni; mae o'n ein hannerch ni a rydan ninnau'n medru ei annerch o; mae o'n dod i berthynas 'Myfi/Tydi' efo ni, perthynas sydd mor glos fel mai'r unig enw y gellir ei roi iddo ydi 'Tad'. Nid fel pwer y mae'r Beibl yn sôn amdano, ond fel person.

Yr ail gam yma ydi un o'r tramgwyddiadau mawr heddiw, a sawl un wedi bod yn ceisio'i ddileu a mynd yn ôl i gydnabod y cam cyntaf yn unig; iddyn nhw mae o'n bwer, ond nid yn berson. Mae'n debyg i lawer ohonoch chi ddilyn gyda diddordeb hanes y ficer Anthony Freeman, a gafodd ei ddiswyddo o'r Eglwys am ei fod o'n methu credu mewn person. Cychwyn yr helynt oedd y llyfr a ysgrifennodd Freeman ar 'Duw ynom ni'; sylwch Duw *ynom* ni, nid Duw *gyda* ni. Nid person o'r tu allan sy'n gallu bod *gyda* ni ydi o, ond pwer neu ddylanwad sy'n gallu bod *ynom* ni. Y frawddeg o'r llyfr sydd wedi cael ei dyfynnu dro ar ôl tro ydi hon, 'Does 'na ddim allan yn fan'cw, neu os oes 'na, allwn ni wybod dim amdano fo'. Fe gafodd Freeman gefnogaeth sylweddol o sawl cyfeiriad. Un o'i gefnogwyr o blith ei gyd-offeiriad a ddywedodd, 'Mi awn i i'r stanc dros fy nghred bod Duw yn rial i mi, ond tydw i ddim yn credu ei fod o'n berson'. Fe gafodd gefnogaeth llawer o bobl sy'n credu mewn daioni – y bobl sy'n barod i ddweud bod 'na rhywbeth yn ein hymwy-byddiaeth ni sy'n ein codi ni at y da a'r pur; ynon ni'n hunain y mae'r ymwybyddiaeth o'r da, a'r enw ar yr ymwybyddiaeth ydi Duw. Fe gafodd gefnogaeth pobl sy'n credu bod 'na bwer rhyfeddol o rymus y tu ôl i'r byd yma, megis David Bellamy, sy'n awgrymu nad oes esboniad ar ryfeddod y greadigaeth ond bod yna rhyw bwer wedi rhoi cychwyn i'r cyfan; pwer goruwch-naturiol, dylanwad, grym, ond nid person.

Dyna un ochr i'r glorian. Yr ochr arall mae'r bobl sy'n dweud, 'Na, mae o'n berson, yn berson rydw i'n ei 'nabod, yn cael cyfeillach efo fo, yn medru rhoi enw a chymeriad iddo fo'. Dyna sydd yn y testun – 'Immanuel, Duw gyda ni'. A dyna, wrth gwrs, ydi cred y Beibl o'i ddechrau i'w ddiwedd – mae 'na fod arall ac mae'r bod yna'n berson; fel person o ran ffurf a siâp, o ran cymeriad a theimladau, y mae'r Beibl yn meddwl amdano fo. Fel person yr oedd Iesu o Nasareth yn meddwl amdano fo, fel person sy'n caru. Yn yr ochr yma i'r clorian fe fedrwch osod proffwydi ac apostolion, saint a chyfrinwyr – y rhai hynny sydd ar hyd y canrifoedd wedi dweud bod Duw yn berson rial iddyn nhw. A fedrwn ni ddim gwadu dilysrwydd eu profiad nhw o Dduw.

Yr anhawster, wrth gwrs, ydi na fedrwn ni ddim profi. Pan ydan ni'n sôn am Dduw, defnyddio iaith cyffelybiaeth yr ydan ni. Pan ydan ni'n trio'i ddisgrifio o fewn amgyffrediad ein meddwl ni, defnyddio iaith, a darluniau a phriodoleddau person yr ydan ni. Yr hyn sy'n cael ei ddweud heddiw ydi bod iaith a darluniau fel yna'n hen ffasiwn; mae sôn amdano fel person yn perthyn i hen oes.

Ymbalfalu yr ydan ni. Mae'n rhaid imi gyfaddef bod gen i'r parch mwyaf i'r bobl sy'n gallu dweud o waelod calon mai person ydi Duw, eu bod nhw'n ei 'nabod o, yn medru siarad efo fo ac yn cymdeithasu efo fo. Mae gen i'r parch mwyaf i'r bobl sy'n medru dweud bod Duw yn rial iddyn nhw a'u bod nhw'n ymwybodol iawn ohono fo, ond na fedran nhw ddim meddwl amdano fo fel person o'r tu allan.

Fy hun, rydw i'n methu gollwng gafael ar y syniad o berson. Mae 'na lawer o bethau ynglŷn â hynny na fedra i mo'u deall, mae 'na faterion mawr na fedra i mo'u hesbonio nhw. Ond rhywsut tydw i ddim yn cael pwer yn ddigon; mae 'na feddwl, a mae 'na gariad. A'r unig ffordd y medra i ddirnad y pethau hynny ydi trwy sôn am berson. Fel fy nhestun, rydw i eisiau cysylltu pwer â pherson.

**3.** Y cwlwm rhwng ffydd a gwaredigaeth. I fynd yn ôl am funud at y testun, yr hyn y mae'n ei ddweud ydi y bydd gwaredigaeth fawr yn dod, a'r bobl yn cael dihangfa rhag y gelynion oedd yn eu bygwth. I ddathlu'r fuddugoliaeth, bydd plentyn newydd-anedig yn cael ei alw'n 'Immanuel' – 'Duw gyda ni'. Mewn geiriau eraill gwaredydd ydi Duw, a mae 'na gyswllt rhwng ffydd a gwaredigaeth. A dyna'r hen ddarlun o Dduw; Un sydd y tu allan i'r peiriant yn ymyrryd – yn ymyrryd weithiau i gosbi a thro arall i waredu, yn rheoli symudiadau a digwyddiadau, a phobl a chenhedloedd fel clai yn ei ddwylo.

Erbyn hyn mae 'na dipyn o anfodlonrwydd efo'r hen ddarlun yna o Dduw. Yn ôl am funud at yr offeiriad Anthony Freeman; tydw i ddim yn anffyddiwr, medda fo, y wasg sydd wedi fy ngweud i'n anffyddiwr; rydw i'n credu yn Nuw, ond bod fy Nuw i'n wahanol. Tydw i ddim yn derbyn bod yna un allan yn fan'cw sydd bob hyn a hyn yn ymyrryd â'r byd. Eisiau newid y darlun y mae o – eisiau cael gwared o'r darlun o Dduw'n ymyrryd, yr *interventionist God*, yr ymyrrwr.

A waeth imi gyfaddef ddim – mae 'na broblemau efo'r syniad o Dduw'r ymyrrwr. Pan ddaw trychinebau mawr – daear-grynfâu, newyn, rhyfeloedd – ai Duw sy'n eu hanfon? Os nad Duw sy'n eu hanfon, pam na wnaiff o'r ymyrrwr mawr ymyrryd i'w hatal nhw? Neu trowch at bethau mwy personol: pan welwch chi bobl dda sydd wedi byw'n agos i'w lle, a llawer ganddyn nhw i'w gyfrannu i gyd-ddyn, yn cael eu torri i lawr yn sydyn, neu'n cael eu dihoeni gan afiechyd maith, ai Duw sydd yna? Neu os nage, ymhle mae o, a pham na wnaiff o ymyrryd? Neu pan welwch chi bobl ddrwg, ddi-egwyddor, twyllodrus yn llwyddo ac yn cael hawddfyd, ble mae'r cosbwr, a pham na wnaiff yr ymyrrwr ymyrryd? Dyna'r broblem, a dyna ydw i eisiau ei wneud, meddai Freeman – cael gwared o'r syniad yma o Dduw o'r tu allan yn dod i mewn i'r fan yma ac yn ymyrryd efo trefn pethau. Ac y mae'n rhaid imi gyfaddef fy mod i mewn llawn cydymdeimlad â Freeman.

Ond eto, tydi gwneud i ffwrdd â Duw'r ymyrrwr ddim yn golygu torri'r cwlwm rhwng ffydd a gwaredigaeth. I'r gwrthwyneb, fe rydd gyfle inni werthfawrogi'n well beth ydi'r cyswllt rhwng y ddau. A rhoi y peth ar ei symlaf, mae ffydd yn rhoi persbectif newydd inni, gwelediad gwahanol ar fywyd, a chael hynny ydi hanfod y waredigaeth. Wrth glymu materol ac ysbrydol wrth ei gilydd, rydych chi'n gweld byd a bywyd yn wahanol; wrth ystyried y grym sydd yn y byd ac yn ein bywydau ninnau fel meddwl ac fel cariad, ac felly fel person, y mae ein holl syniad ni am fywyd yn newid. Rydan ni'n cael ein rhyddhau oddi wrth un ffordd o feddwl ac yn cael ein codi i ddimensiwn gwahanol; dyna ydi gwaredigaeth, iachawdwriaeth, gollyngdod, beth bynnag ydi'r enw a rown arno.

Nid gwaredu *oddi wrth* y mae ffydd, ond gwaredu *yng nghanol.* Duw'r ymyrrwr fyddai'n gwaredu oddi wrth helbulon; y Duw gyda ni, Immanuel, sy'n ein gwaredu yng nghanol helbulon. Y mae'r helbulon yn sicr gyda ni – poen, afiechyd, trychineb, methiant, euogrwydd, tristwch, a waeth inni heb a gobeithio y byddwn ni'n medru eu hosgoi. Fyddai o ddim yn deg i'r un ohonon ni feddwl – ond imi gredu yn Nuw, fe ga i eu hosgoi nhw, ac mi fydd yr ymyrrwr mawr yn fy helpu i ddianc rhagddyn nhw ac yn gofalu na ddaw niwed imi. Mae'n rhaid i'r darlun yna o Dduw – Duw'r ymyrrwr, Duw'r swcwr – fynd.

Ond er bod y darlun yna wedi mynd, rydw i'n medru dal i ddweud 'Immanuel, Duw gyda ni'. A dyma mae hynny'n ei olygu. Yng nghanol yr helbulon i gyd mae gen i bersbectif gwahanol, ac er gwaethaf eu diflastod a'u gofid, mae dod i delerau â'r ysbrydol ac â Duw sy'n gariad, yn gwneud imi weld y cwbl yn wahanol. Yn eu canol rydw i'n medru dweud 'Immanuel', ac oherwydd hynny rydw i'n fwy na choncweriwr.

Fe ddechreuais i efo'r byd materol yma, ac yr ydan ni'n herio'r byd yna trwy gyhoeddi 'Immanuel' –

– cyhoeddi na fedrwch chi ddim byw heb y lefel uwch, ysbrydol i fywyd

- cyhoeddi, er gwaethaf pob ymholi meddyliol ac anhawster, eich bod chi'n meddwl am berson sy'n gariad
- cyhoeddi, oherwydd eich ffydd, eich bod chi'n gweld pethau'n wahanol ac yn gwybod beth ydi gwaredigaeth.

✦   ✦   ✦

Emynau:  771  'Mae'r nefoedd faith uwchben'
         790  'Arglwydd y gofod di-ben-draw'
          69  'Fy Nuw, uwch law fy neall'
          87  'O am dreiddio i'r adnabyddiaeth'

Darllen: Eseia 7: 1-17

Gweddi: *Ein Tad, – dyna fel rydan ni'n arfer dy gyfarch Di, a dyna'r un peth sy'n tynhau'r cwlwm rhyngom ni a Thi. Beth bynnag arall ydan ni'n ei feddwl amdanat Ti, ac yn ei gredu amdanat Ti, rydan ni'n gwybod am dy gariad ac yn meddwl amdanat fel ein Tad. Ac mae'n rhaid inni gyfaddef fod 'na lawer iawn o bethau sydd heb fod yn glir inni pan ydan ni'n meddwl amdanat Ti. Mae'n meddwl ni mor ffaeledig, a'i derfynau o mor gyfyng; rydan ni'n teimlo weithiau ein bod ni'n rhyw ddod i'r lan, ond y funud nesaf rydan ni'n suddo wrth fyfyrio amdanat Ti; rydan ni'n ymestyn ac yn teimlo ein bod ni'n cael gafael, ond yna'n sydyn yn syrthio'n ôl ac yn methu cyrraedd; rydan ni'n ymbalfalu yn y tywyllwch, ac weithiau'n teimlo bod llygedyn o oleuni yn torri trwodd, ac yna cyn inni wybod beth sy'n digwydd bron mae'r tywyllwch yn cau amdanom ni unwaith eto.*

*Ond er ein dryswch, ac aneglurder ein gwelediad, rydan ni am ddiolch i Ti am bopeth sy'n ein harwain ni atat Ti ac yn dweud rhywbeth wrthym ni amdanat Ti. Diolch i Ti am yr argyhoeddiad ydan ni'n ei gael o bryd i'w gilydd bod yna fwy i fywyd na'r pethau materol ac allanol yma yr ydan ni'n eu gweld, eu clywed a'u teimlo. Rhyw chwarae ar yr wyneb yr ydan ni'n aml efo pethau'r byd a'r bywyd yma, ond diolch i Ti am y teimlad a gawn ni o bryd i'w gilydd bod 'na rhyw ddyfnder a sylwedd o dan y cyfan. Rhyw dincian efo'r peiriant yr ydan ni, ond fe gawn ni'r argyhoeddiad weithiau bod yna'r tu ôl i'r cyfan feddwl sydd y tu hwnt i ni a gallu na fedrwn ni mo'i reoli. Diolch i Ti, ein Tad, am y profiad o bryd i'w gilydd bod yna rhyw ysbryd yn ymsymud a bod yna enaid ynghudd yn y wisg o gnawd.*

*Rydan ni'n diolch i Ti bod yna bobl ar hyd yr oesoedd sy'n credu dy fod Ti wedi dy ddatguddio dy hun iddyn nhw a'u bod nhw wedi cael dy adnabod Ti. Rydan ni'n meddwl am arwein-wyr a phroffwydi'r hen oruchwyliaeth ac am saint ac apostolion yr oruchwyliaeth newydd – pobl ddaru gredu eu bod nhw'n cael cyfathrach agos a byw gyda Thi, pobl ddaru ddechrau sillafu dy enw Di, pobl a fedrodd ddechrau rhoi geiriau wrth ei gilydd i geisio disgrifio dy gymeriad Di a cheisio dweud sut un wyt Ti. Ac yn fwy na dim rydan ni'n diolch i Ti am y datguddiad yn Iesu Grist, a'n dysgodd ni i fod fel plant bychain a dysgu dweud 'Abba, ein Tad', wrthyt Ti. Trwy'r cyfan yna rydan ni'n medru dilyn rhyw linell a gweld rhyw gysondeb, ac yr ydan ni'n gwybod bod calon Tad tu ôl i'r fraich sy'n cynnal baich y byd.*

*Rydan ni am ddiolch i Ti hefyd, ein Tad, am bob profiad a gawn ni ohonot Ti yng nghanol troeon ein bywydau ni ein hunain. Mae 'na yn ein hanes ni rhyw eiliadau tyner a rhyw funudau dwys pan ydan ni'n teimlo bod y llen yn denau rhyngom ni a'r tragwyddol. Mae 'na adegau llesmeiriol o hyfryd a llawen, a rydan ni wedi teimlo rhyw bresenoldeb efo ni yng nghanol y profiadau hynny. Mae 'na adegau eraill sydd wedi bod yn ddryslyd o anodd a phoenus o dywyll, ac ar yr adegau hynny hefyd rydan ni wedi teimlo rhyw bresenoldeb arall efo ni yng nghanol ein helbulon. Er nad ydan ni ddim yn gweld yn glir nac yn deall yn iawn, rydan ni'n teimlo bod llaw ein Ceidwad, er nas gwelwn hi, yn cynnal ac yn tywys.*

*Fe wyddost, ein Tad, mai ymbalfalu mewn dryswch yr ydan ni. Ac yr ydan ni am ddiolch i Ti yn awr am bob peth sydd yn ein cyfeirio ni atat Ti. Yn Iesu Grist, Amen.*

# 7
# RHUFAIN
## (1996)

Un o beintiadau enwocaf y byd yma ydi llun mawr Michelangelo o Greu Adda. Un o'r golygfeydd ar do rhyfeddol y Capel Sistinaidd yn y Fatican yn Rhufain ydi o. Y mae'r llun cyfan yn cyflwyno naw golygfa o lyfr Genesis, yn ymestyn o greu'r byd hyd hanes meddwdod Noa. Fe gymrodd hi rhyw bedair blynedd, o 1508 hyd 1512, i'r arlunydd Michelangelo gynllunio a gorffen y darlun yma, ac y mae o wedi defnyddio ei baent yn y fath ffordd fel bod y bobl sydd yn y golygfeydd yn edrych yn union fel pe baen nhw'n gerfiadau wedi eu gwneud o feini. Yn ddiweddar fe gafodd y peintiad anferth yma ei adnewyddu gyda chymorth ariannol enfawr o Japan.

Fe geisiaf i ddisgrifio'r darlun yma o Greu Adda. Yn rhan uchaf y darlun fe welwn Dduw, ac y mae o fel petai o'n teithio'n gyflym trwy gymylau'r nef. Yn lled-orwedd yn noeth ar y ddaear islaw y mae Adda. Osgo'r ddau sy'n bwysig. Y mae Duw yn estyn ei law allan, ac y mae blaen ei fys bron iawn â chyffwrdd â llaw Adda; y mae Adda ar lawr yn rhyw lipa ddal ei law allan, ac y mae ei fys yntau bron iawn â chyffwrdd â bys Duw. Un peth sy'n dod yn glir iawn o'r darlun ydi'r gwahaniaeth rhwng Duw a dyn – Duw ar gymylau'r nef, a dyn ar y ddaear isod; y dwyfol a'r dynol; yr ysbrydol a'r materol. Peth arall sy'n dod yn glir yn y darlun ydi'r berthynas rhwng Duw a dyn – sef sut mae'r dwyfol yn cysylltu efo'r dynol, a beth mewn gwirionedd ydi'r cysylltiad. Fe ddywedir bod gan Michelangelo well dirnadaeth o'r materion yma na'r un arlunydd arall.

Ac mae deall y berthynas yma rhwng Duw a dyn yn un o bynciau mawr y ffydd Gristnogol. Fe allwch ddweud, mae'n siwr gen i, mai mater o ddiffinio perthynas ydi materion mawr y ffydd. Yn un peth mae gennym ni'r berthynas rhwng Duw a'r byd, rhwng Creawdwr a'i greadigaeth, rhwng Crëwr a chread. Mae'r ffydd sydd yn y Beibl yn haeru mai Duw greodd nefoedd a daear a'i fod wedi gwneud y cyfan allan o ddim. Fe gyfyd cwestiwn mawr ar unwaith – sut i gysoni'r gosodiadau yma â'r hyn a ddywed y gwyddonwyr? Ac fe'n gorfodir i fynd yn ôl a cheisio diffinio perthynas Duw â'i fyd.

Cwestiwn mawr arall ydi perthynas Duw â'i Fab. Haeriad mawr y ffydd Gristnogol ydi i Dduw ymgnawdoli, iddo ymddangos mewn Mab, Iesu o Nasareth. Os felly, mae'n rhaid bod Duw i mewn yn rhywle yn nioddefaint y Groes ac ym marwolaeth y Mab. Ond os yw hynny'n gywir, yna rhaid gofyn: sut y gallai Duw farw ar groesbren? Ac yna rhaid gofyn wedyn: os oedd Duw yna, beth am hunaniaeth Iesu? A oedd gan Iesu ei ryddid a'i ddewis ei hun? A dyna ni yng nghanol y drafodaeth fawr ar berthynas Duw â'i Fab.

A dyma'r drydedd – yr un sydd wedi ei chrybwyll yn barod – beth am berthynas Duw â dyn? Sut mae diffinio'r cyswllt rhyngddyn nhw? Mae 'na enwau crand ar y tair perthynas yma: perthynas Duw â'i fyd – cosmoleg; perthynas Duw â'i Fab – Cristoleg; a pherthynas Duw â dyn – soterioleg.

Fe arhoswn efo'r olaf. Os ydach chi'n credu mewn lefel ysbrydol i fywyd, beth ydi perthynas hwnnw â'r lefel faterol yma? Os ydach chi'n credu mewn Duw, beth ydi ei berthynas o â ni? Dyma'r hyn a gawn ni yn y darlun o Greu Adda. Y testun fydd: **galwodd yr Arglwydd Dduw ar y dyn, a dweud wrtho, Ble'r wyt ti?** (Genesis 3: 9). Rydan ni'n dod at sylfeini – at ABC y berthynas rhwng Duw a dyn, ac fe gymrwn ni hynny'n batrwm a gweithio tuag yn ôl o C i A.

**1.** **Y Cyswllt.** Awn yn ôl am funud at y darlun: y mae'r bysedd bron, bron â chyffwrdd, a'r awgrym ydi eu bod newydd fod mewn cyswllt â'i gilydd. Un ffordd o roi'r peth ydi dweud bod yna rhyw gynneddf ysbrydol mewn dyn – y peth yma sy'n ei godi uwchlaw y greadigaeth faterol, uwchlaw yr holl greaduriaid eraill, ac yn rhoi dimensiwn arall i'w fywyd o.

Tynnu darlun sy'n awgrymu'r cyswllt a wnaeth Michelangelo – rhyw awgrym cynnil eu bod nhw wedi cyffwrdd, a bod rhyw sbarcyn o'r dwyfol wedi ei drosglwyddo i Adda. Tynnu darluniau eraill o'r un peth a wna llyfr Genesis. Dyma un o'r darluniau hynny – 'Gwnawn ddyn ar ein delw ni, yn ôl ein llun ni'. A'r hyn sy'n cael ei awgrymu ydi bod rhyw gynneddf uwch yn perthyn i ddyn; mae'r un adnod yn cyfeirio at y creaduriaid eraill – pysgod y môr, adar yr awyr, yr anifeiliaid gwyllt, a phopeth sy'n ymlusgo ar y ddaear. Ond y mae dyn yn wahanol ac y mae'n llywodraethwr drostynt; y mae'n wahanol hefyd am ei fod yn medru ymateb i Dduw – y mae ynddo'r peth yma sy'n ei wneud yn un y mae Duw'n medru cysylltu ag o. A dyma'r ail ddarlun – 'ac anadlodd yn ei ffroenau anadl einioes'; mae ynddo rhyw sbarcyn byw sy'n ei wneud yn wahanol.

Wrth gwrs, mae 'na ddigon o enghreifftiau o ddyn yn ymddwyn yn annynol tuag at eraill, ac y mae hynny wedi peri i rai amau'r gosodiad yma ei fod yn uwch a bod cynneddf ysbrydol ynddo fo. Does dim rhaid cyflwyno catalog o'r math yma o ymddygiad. Digon ydi dweud bod yna beth wmbredd o greulonderau bwriadol yn y byd yma, bod yna orthrwm a thrais, bod yna ymddygiad gwaradwyddus tuag at gyd-ddyn. Mae dyn weithiau'n gallu bod yn fwy anifeilaidd na'r anifeiliaid. Fe ysgrifennodd Desmond Morris lyfr rai blynyddoedd yn ôl gyda'r teitl *Naked Ape*. Yr hyn a wnaeth oedd tynnu darlun o'r ffordd y mae anifeiliaid yn ymddwyn ac yn ymateb i'w hamgylchfyd, ac yna ochr yn ochr â hynny rhoi darlun o'r ffordd y mae dyn yn ymddwyn ac yn ymateb i'w amgylchfyd. A'i ddadl ydi bod y ddau mor debyg i'w gilydd fel mai'r unig ffordd i ddisgrifio dyn a'i ymddygiad ydi ar fodel yr anifail. Epa ydyw, ac yng ngoleuni ein tarddiad o'r epa y mae deall ein hymddygiad. Aelodau o'r zoo ydan ni.

Er gwaethaf y darlun digalon yna, yr hyn a ddywed y ffydd Gristnogol ydi bod dyn yn uwch ei bosibiliadau ac yn uwch ei gyraeddiadau na dim arall o'i gwmpas o. Y mae o'n sefyll allan, ac yn wahanol i weddill y greadigaeth i gyd. Yn un peth y mae o'n gallu treiddio i ddirgelion byd a bywyd; ymateb i reddf y mae'r anifail, ond mae gan ddyn y ddawn i ymholi, y gallu i ddeall ac i fynnu cael at y dirgelion. Y mae o hefyd yn gallu ymestyn o ran ei gyraeddiadau; fel y mae o'n datgloi un dirgelwch, y mae o'n medru gwthio ymlaen a rhagori arno'i hun a chyrraedd yn uwch o hyd. Ar ei orau mae o'n medru ymddwyn yn gytbwys a chyfrifol. Yn yr ystyr yma mae o'n nes at y dwyfol na'r anifeilaidd; mae 'na nodweddion rhagorol a phosibiliadau aruchel yn perthyn iddo fo. Pwnc diddorol ydi'r berthynas rhwng dychymyg dyn ac ysbrydoliaeth ddwyfol, dawn dyn a symbyliad Duw. Beth sy'n rhoi'r fath bosibiliadau i ddyn? Ai ei allu ei hun? Awgrym y Beibl ac awgrym darlun Michelangelo ydi mai sbarcyn o'r dwyfol sy'n ei wneud o'n wahanol. Mae o wedi ei gyffwrdd gan y Creawdwr.

Y mae dyn yn gallu datrys y dirgelion; mae o hefyd yn gallu cydnabod dirgelwch. A'r dirgelwch ydi bod 'na rhyw du-hwnt, goruwch-ddynol, ysbrydol sydd yn cyffwrdd â'i fywyd o.

**2.** Y **B**wlch. Yn ôl at y darlun unwaith eto – tydi'r bysedd ddim yn cyffwrdd; mae 'na fwlch rhyngddyn nhw, ac y mae'r cyswllt wedi ei dorri. Ac y mae 'na awgrym go glir yn y darlun mai Adda sy'n gyfrifol am y bwlch; mae llaw Duw wedi ei hymestyn allan i'r eithaf ac y mae ei fys o bron iawn â chyffwrdd; ond llipa iawn yw llaw Adda, mae hi'n rhyw hanner gorffwys ar ei benglin o, a does 'na ddim ymdrech i ymestyn allan i gyfeiriad y Duwdod. Rydach chi'n teimlo pe bai o ond yn gwneud ymdrech fechan iawn y byddai'r bwlch yn cael ei gau. Mae 'na rai, mae'n wir, yn gweld golwg gas, fygythiol yn wyneb Adda; mae 'na rywbeth yn heriol a gwrthryfelgar ynddo fo. Ond mae'n rhaid imi gyfaddef nad ydw i erioed wedi cael yr olwg honno arno fo; ei weld o'n llipa, yn drist ac yn ddifywyd y bydda i.

P'un bynnag am hynny, y pwynt ydi bod yna fwlch, a mae'n siwr gen i bod yna wahanol lefelau, neu wahanol raddau ar y torri cyswllt yma. Ar y lefel isaf, rhyw ddiffyg diddordeb ydio, dihitrwydd. Yr hyn a ddywedir ydi: os oes yna dduwdod, tydi o ddim yn gwneud llawer o wahaniaeth i mi; os oes yna ddimensiwn ysbrydol, does dim rhaid gwneud rhyw fôr a mynydd o'r peth. Digon cymryd pethau fel y maen nhw,a pheidio â chynhyrfu gormod dros bethau fel hyn. Dyma'r lefel isaf – pellhau goddefol, rhyw ymddieithrio di-wneud a di-ymdrech. Mae 'na fath arall – pellhau sy'n fwy heriol ac ymosodol. Mae o'n golygu gwrthryfela agored yn erbyn unrhyw syniad o dduwdod; math o feddwl ydi o sy'n canolbwyntio'n gyfan gwbl ar ddyn, ei fywyd, ei ymdrechion a'i gampweithiau, ac yn cau allan bob dimensiwn goruwchddynol ac ysbrydol. Y mae'n credu bod dyn yn ddigonol ynddo'i hun, a heb angen dim y tu draw na'r tu allan iddo'i hun. Mae'r cyfan yn faterol, weledig , a does 'na ddim byd arall. Pellhau gweithredol ydi hwn, ymddieithrio gwrthryfelgar, balch a thrahaus.

Fe gyfeiriwyd gynnau at y diffinio perthynas sy'n rhoi inni bynciau mawr y ffydd. Ond wrth drafod dyn, nid creu perthynas sy'n allweddol, ond yn hytrach, dinistrio perthynas. Chwalu cysylltiadau a dieithrio sy'n digwydd ym mywyd dyn. Fe ddywedir wrthym ni gan y diwinyddion bod y dieithrio yn digwydd mewn tri chylch. Y cylch cyntaf ydi dieithrio oddi wrth ein gilydd. Rydan ni i gyd yn cael y profiad weithiau o fod yn unig, ar ein pennau ein hunain, er ein bod ni ynghanol bwrlwm cymdeithas. Rydan ni'n teimlo ein bod ni'n bell oddi wrth bawb, ac yr ydan ni'n mynd i'n cragen. Hyn sy'n arwain yn y pendraw at atgasedd, gelyniaeth a chynnen mewn cymdeithas. Cylch arall lle mae'r dieithrio'n digwydd ydi ynom ni ein hunain; fe'n cawn ein hunain yn rhanedig, a'r gwahanol rannau yn methu asio i'w gilydd, ac y mae hynny'n arwain i iselder ac anobaith; daw hollt i'n bywyd rhwng hunan-gariad a hunan-gasineb, rhwng awydd i ddiogelu'r hunan ac awydd i ddinistrio'r hunan, ac y mae'n bywyd yn cael ei ddryllio. A'r trydydd cylch ydi'r dieithrio rhyngom ni a gwraidd ein bod, oddi wrth darddiad a phwrpas ein byw. Dyma'r dieithrio gwaelodol. Ffordd diwinydd-ion cyfoes o roi'r peth ydi hyn. Os am hen eiriau, y gair am ddieithrio ydi 'pechod' a'r gair am wraidd ein bod ydi 'Duw'. Torri'r cyswllt â Duw – dyna ydi gwraidd ein problem.

Wrth gwrs, mi fyddai rhai'n dadlau bod hyn yn anochel; rydan ni erbyn hyn wedi aeddfedu, rydan ni wedi tyfu, ac mae hi'n hen bryd inni gael gwared o'r syniadau gwirion, plentynnaidd yma. Ond fel y dywedodd rhywun, nid prawf bod dyn wedi dod i'w oed ydi hyn, ond prawf ei fod o'n dal yn adolesent.

**3.** Yr Adfer. I fynd yn ôl at y llun eto, y mae'r bysedd wedi bod mewn cyswllt â'i gilydd, ond y mae'r cysylltiad wedi ei dorri, ac y mae'r bysedd bellach ar wahân. Y cwestiwn sy'n aros ydi: oes 'na rhyw obaith eu hail-gysylltu? Oes 'na rhyw obaith cau'r bwlch ac adfer y berthynas?

Y mae'r Beibl yn hollol glir ar un peth – y mae Duw eisiau cau'r bwlch. Ar hyd y canrifoedd, meddai'r Beibl, y mae Duw wedi ceisio adfer dyn i berthynas ag ef ei hun. Fel hyn y mae'r proffwyd Jeremeia'n crynhoi'r mater: "Anfonais atoch fy holl weision y proffwydi, a'u hanfon yn gyson . . . Ond ni wrandawsant, nac estyn clust i droi oddi wrth eu drygioni". Mae Duw o hyd am adfer, ond y mae dyn yn gwrthod gwrando. I ddefnyddio iaith darlun Michelangelo, mae llaw Duw yn estynedig, y mae ei fys wedi ei estyn allan i'r eithaf i gyfeiriad dyn, ond mae llaw Adda'n dal yn llipa a tydi o ddim yn ymateb nac yn ymestyn. Pe bai Adda ond yn codi rhywfaint ar ei law . . . , ond dal yn llipa y mae hi ac y mae'r bwlch heb ei gau.

I weld pendraw bwriad Duw i adfer y mae'n rhaid symud y tu hwnt i eiriau'r Hen Destament a throi at ddyfodiad Crist ac at eiriau'r Testament Newydd. Dweud y mae'r Testament Newydd mai un peth sy'n gallu concro'r ymbellhau a dod dros y dieithrio ydi cariad. Chwalu'r berthynas y mae'r ymddieithrio; un peth sy'n gallu cyfannu, a chariad ydi hwnnw. Chwerwi bywyd trwyddo, a dinistrio pob perthynas bosibl y mae'r ymddieithrio'n ei wneud; creu posibiliadau newydd a chreu cysylltiadau newydd y mae cariad. Ac y mae cariad, yn ôl disgrifiad y Testament Newydd ohono, yn cynnwys pob peth sy'n groes i'r ysbryd sy'n cau'r bwlch: "nid yw'n cenfigennu, nid yw'n ymffrostio, nid yw'n ymchwyddo". Fe ddywedwyd gynnau mai'r hyn sydd y tu ôl i'r gwrthryfel yn erbyn y dwyfol a'r ysbrydol ydi'r syniad ein bod wedi tyfu i fyny ac wedi dod i oed. Ond yn ôl disgrifiad y Testament Newydd dim ond pan ydan ni'n gwybod am gariad yr ydan ni'n tyfu i fyny; cyn hynny "fel plentyn yr oeddwn yn llefaru, fel plentyn yr oeddwn yn meddwl, fel plentyn yr oeddwn yn ymresymu". Ond bellach dan lywodraeth cariad, mae 'na ddod yn ddyn a rhoi heibio pethau'r plentyn. Pan ydan ni'n sôn am gariad yr ydan ni'n dod at graidd y bywyd Cristnogol; y mae cariad yn fwy gwerthfawr ac yn fwy creiddiol na dim arall – proffwydoliaeth, fe'i diddymir; tafodau – bydd taw arnynt; gwybodaeth – fe'i diddymir hithau. Y mae i bob un o'r rhain ei le, ac y mae i bob un ei gyfnod; ond yr hyn sy'n barhaol ydi cariad.

Cariad yn unig sy'n gallu torri trwy'r muriau sy'n gwahanu – yn gwahanu pobloedd, cenhedloedd a dosbarthiadau. Y mae'n ein galluogi i dderbyn arall fel y mae, er ei fod yn ein herbyn ac yn ein niweidio. Y mae'n ein galluogi i gydio yn ein bywyd ein hunain, ac i wneud rhywbeth ohono. Gwna'r cyfan am ei fod yn dod â ni i berthynas â'r Cariad sy'n rhoi ystyr i'n bywyd ac i'n bod.

Mae rhywun wedi disgrifio bywyd fel nifer o ddarnau mewn pysl. Ymdrech sylfaenol bywyd pob un ydi rhoi'r darnau wrth ei gilydd a gwneud synnwyr o'r pysl. Nid tasg i athronwyr a gwyddonwyr, ac nid tasg i offeiriaid a phroffwydi ydi hi; dyma dasg sylfaenol bywyd pob un ohonom ni. Mae'r byd o'n cwmpas ni'n ddarnau i gyd, ac mae eisiau eu gosod wrth ei gilydd; mae bywyd ei hun yn ddirgelwch yr ydan ni'n ceisio ei ddatrys; mae ein bywyd ni'n hunain hefyd yn hen ddarnau bach sydd eisiau eu ffitio i'w gilydd. Chwilio am ffordd i ddod â'r darlun i gyd at ei gilydd yr ydan ni – mewn gwirionedd, chwilio am synnwyr ac ystyr. Rydan ni'n trio'r ffordd yma ac yn trio'r ffordd arall er mwyn cael pethau i weithio. Weithiau rydan ni'n meddwl ein bod ni wedi cael yr allwedd, ein bod ni wedi taro ar y cliw ac y bydd popeth yn syrthio i'w le; rydan ni'n teimlo ein bod ni ar dorri trwodd ac y cawn ni'r darlun yn gyfan.

Ond chwalu y bydd y darlun nes derbyniwn ni gariad; dyna'r unig beth sy'n rhoi synnwyr ac yn rhoi cyfanrwydd i'r darlun. Datgysylltu a syrthio'n ddarnau a wna'r cyfan hebddo; bwlch fydd rhwng y darnau nes down at yr un peth sy'n cau'r bwlch ac yn adfer y berthynas. Gwaith Duw ydi hynny; dyna ydi gras a dyna ydi cariad – Duw yn cau'r bwlch ac yn cyfuno'r darlun.

✦    ✦    ✦

Emynau:    95  'Ti,Iesu, Frenin nef'
          791  'O Grist, Ffisigwr mawr y byd'
          185  'Iesu, nid oes terfyn arnat'
          228  'Pa feddwl, pa 'madrodd, pa ddawn'

Darllen: Genesis 3: 1-13, 22-24

Gweddi: *Wrth inni nesáu atat Ti yn awr, ein Tad, mae'n rhaid inni gyfaddef nad oes yr un ohonom ni fel y carai o fod. Mae'r top-line yn uwch nag yr ydan ni'n medru ymestyn ati; mae'r dyheu bob amser yn fwy na'r cyflawni; mae'r nod yn tipyn pellach na'r cyrraedd; mae'r ysbryd yn barod, ond mae'r gwneud yn amherffaith.*

*Ac fe wyddom ni, ein Tad, mai iechyd i enaid pob un ohonom ni ydi ein bod ni'n sylweddoli hynny a bod yn barod i'w gyfaddef. Fe wyddom ni mai claddu'n pennau yn y tywod yr ydan ni os ydan ni'n trio'n perswadio ein hunain ein bod ni'n iawn; twyllo'n hunain yr ydan ni os ydan ni'n meddwl ein bod ni'n dda neu ein bod ni'n fawr. Fe wyddom ni hefyd, ein Tad, mai peth anghyfrifol ar ein rhan ni ydi ceisio osgoi cyfaddef hynny trwy daflu'r bai ar rywun arall; mor aml y gwnawn ni hynny – rhoi'r bai ar ein cymdeithas, rhoi'r bai ar ein hamgylchiadau a rhoi'r bai ar rhyw bobl eraill o'n cwmpas ni sy'n anodd ac yn anhydrin.Gad inni sylweddoli mai'r cam cyntaf wrth inni nesáu atat Ti, ein ffisigwr, ydi gweld ein bod ni angen iechyd.*

*Tydan ni ddim y gwybod yn iawn, ein Tad, pam yr ydan ni fel yr ydan ni. Weithiau rhyw ysbryd diofal a dihitio sydd wedi'n meddiannu ni; rydan ni'n barod i adael i bethau gymryd eu cwrs a tydan ni ddim am godi llaw i wneud dim. Rydan ni'n gweld yn iawn beth sy'n digwydd o'n cwmpas ni yn y byd – yn gweld y trais, y drygioni a'r creulondeb mawr. A rhyw feddwl yr ydan ni – os nad ydio'n cyffwrdd â ni, 'does dim yn rhaid inni wneud*

71

dim; cyn belled â'm bod i'n iawn, pam cynhyrfu? Rydan ni'n cael ein dal gan ddifrawder llethol, yn gadael i bopeth lifo heibio inni'n ddiatal a ninnau'n gwbl ddiymadferth.

Weithiau, mae'n rhaid inni gyfaddef, rydan ni fel pe baem ni'n colli'n ffydd – colli hyder yn y pethau sy'n cyfrif. Ar adegau felly rydan ni'n colli cysylltiad â'r gwerthoedd uchaf, yn mynd yn gwbl faterol ein bryd ac yn methu codi i lefelau uwch bywyd. Rhyw gadw wyneb tua'r ddaear yr ydan ni, a methu dirnad bod yna ddim uwch – bod yna agweddau ysbrydol ar fywyd,a bod yna rhyw ddwyfol sy'n ymwneud â ni. Ar adegau felly rydan ni fel llong heb angor ac yn byw yn drist o wâg a disylwedd.

Ond beth bynnag ydi'r rheswm ein bod ni fel yr ydan ni, am ofyn i Ti ein hiacháu ni a'n newid ni yr ydan ni. Ac yr ydan ni'n gofyn hynny am ein bod ni'n gwybod yn y bôn mai Ti ydi'r unig un all wneud hynny. Cyfyngu ar y posibiliadau yr ydan ni o hyd, gwneud y gorwelion yn gul a di-ddychymyg. Ond yr wyt Ti'n agor drysau inni allu cyrraedd at yr uwch ac inni allu rhagori arnom ni'n hunain; ac yr wyt Ti'n gwneud hynny trwy dy gariad. Byw bywyd sy'n anhapus o ddrylliedig yr ydan ni – y darnau ar wahân ac yn gwrthod dod at ei gilydd, y bylchau sydd yn ein bywyd ni'n llydan ac yn anodd eu cau. Fe wyddom mai Ti sy'n cyfannu, a'th fod yn gwneud hynny trwy dy gariad.

Helpa ni'n awr, ein Tad, i 'nabod ein hunain, a thrwy dy ras a'th gariad adfer ni atat Ti dy hun. Yn Iesu Grist, Amen.

# 8
# MILAN
## (1996)

Yn Abaty Santa Maria delle Grazie ym Milan fe geir darlun enwog Leonardo da Vinci o'r Swper Olaf. Mae'n debyg eich bod chi a minnau wedi syllu lawer tro ar adgynhyrchiad o'r llun enwog yma; fe ddywedir i'r arlunydd gymryd tair blynedd, o 1495 hyd 1497, i gyfansoddi'r darlun.

A mae o'n ddarlun trawiadol iawn. Ystafell weddol hir ydi hi, a thair ffenest yn ei phen draw hi; o dan y ffenestri y mae 'na fwrdd hir, a Iesu'n eistedd yn y canol a chwe disgybl bob ochr iddo. Mae dau beth yn y llun yn ein cyfeirio at ddau brif gymeriad y stori fawr, sef y Gwaredwr a Jwdas Iscariot. Y peth cyntaf ydi bod pawb yn y llun yn gwneud rhyw ystum â'i ddwylo – pawb ond y ddau yma. Y rheswm ydi bod Iesu newydd ragfynegi'r bradychu, a phawb wedyn yn gofyn 'ai myfi?', ac yn gwneud rhyw ystum â'i ddwylo – ystum yn mynegi braw, neu ymholiad, neu brotest. Roedd pawb yn gwneud hyn ond y ddau brif gymeriad. Yr ail beth ydi bod arbenigwyr yn awgrymu nad yw'r darlun wedi ei orffen yn iawn – a'r ddau beth sy'n awgrymu hynny ydi wynebau Iesu a Jwdas. Syllu ar bobl o'i gwmpas yr oedd Leonardo, a chymryd wynebau'r rheini'n fath o fodelau i'w ddarluniau. Yr awgrym ydi ei fod o heb ddod ar draws modelau addas ar gyfer Iesu a Jwdas, ac felly y mae eu hwynebau hwy yn ddi-liw ac yn annelwig, a heb eu gorffen yn llwyr.

Mae'r sylw'n canolbwyntio felly ar ddau brif gymeriad y stori. Ac y mae hynny'n hollol gywir hefyd yn ôl darlun y Testament Newydd o'r Swper Olaf. Fel hyn y mae un esboniwr yn cyfeirio at yr olygfa fel y ceir hi yn yr Efengylau – y mae'r cyfan yn troi o gwmpas dau gymeriad, Iesu a Jwdas, yn union fel petai neb arall yno efo nhw. Mae'r Iesu llonydd yng nghanol y darlun a'r bwrdd, ac ar y chwith y gŵr tywyll, sydd hanner ar ei draed, sef Jwdas Iscariot.

Fe drown y camera'n awr at yr ail brif gymeriad, sef Jwdas Isacriot, y bradychwr – hwn y dywedodd Iesu amdano, **Yn wir, 'rwy'n dweud wrthych y bydd i un ohonoch fy mradychu i, un sy'n bwyta gyda mi** (Marc 14: 18).

**1.** Y bradychwr. Fe fu llawer iawn o ysgrifennu am Jwdas Iscariot a llawer iawn o ddyfalu yn ei gylch. Un o'r pethau a ddywedir amdano yw ei fod yn wahanol i weddill y disgyblion; gwŷr o'r gogledd oedd yr un-ar-ddeg, gŵr o'r de oedd y deuddegfed. Efallai i hyn greu ychydig o densiwn rhyngddo ef a'r gweddill; o bosibl ei fod yn teimlo'i fod ef fel un o Jwda yn haeddu mwy o le na'r lleill. Efallai iddo ddechrau hawlio ei le fel arweinydd y disgyblion, ond iddo yn y man gael ei ddisodli gan Simon Pedr. Roedd o'n teimlo tipyn o wenwyn at fois y gogledd.

Yn ôl rhai adroddiadau am Jwdas fuodd o erioed yn ddisgybl triw. Roedd 'na ar hyd yr adeg rhyw anniddigrwydd ynddo fo – roedd o'n ddyn beirniadol o bob dim, roedd o'n ddyn oedd yn hoffi bod yn erbyn. Gelyn o'r tu mewn i'r cylch oedd o, ac yn y diwedd fe ddaeth hyn oll i ben.

Peth arall a ddywedir amdano – eto i bwysleisio'r gwahaniaeth – ydi mai dyn yr adain chwith oedd o. Roedd o'n ddiamynedd; roedd o eisiau gweithredu, ac yn barod am wrthryfel. 'Dyn y gyllell', meddai rhai yw ystyr yr enw Iscariot. Criw o bobl eithafol iawn oedd 'gwŷr y gyllell'; roeddan nhw'n credu bod Israel wedi ei bwriadu gan Dduw i lywodraethu'r byd, ond na fyddai Duw ddim yn helpu Israel heb i Israel hefyd ei helpu ei hun. Fel eithafwyr, roeddan nhw'n barod i ymosod ac i ladd – i wneud defnydd o'r gyllell i gyrraedd eu dibenion. Credodd Jwdas mai Iesu oedd y Gwaredydd, ond yr oedd yn ei weld yn rhy araf. Yr hyn y ceisiodd ei wneud oedd rhoi Iesu mewn sefyllfa lle byddai'n rhaid iddo weithredu. Efallai mai dyma oedd arwyddocâd ei gusan – dweud yr oedd 'Henffych fcistr, dyma dy gyfle i weithredu'.

Pwysleisio ei fod yn wahanol y mae'r pethau hyn. Ond y mae'r hanes yn pwysleisio'r ochr arall, ei fod yn un ohonynt – 'un sy'n bwyta gyda mi'. Un o'r deuddeg oedd y bradychwr. Fe bwysleisir o'r dechrau mai criw dethol iawn oedd y disgyblion; dynion ifanc wedi eu dewis yn arbennig oedd y criw bach oedd efo Iesu. Ar y cychwyn meddai'r hanes 'penododd ddeuddeg er mwyn iddynt fod gydag ef, ac er mwyn eu hanfon hwy i bregethu'. Rhai wedi eu dewis yn ofalus oeddent, a heb amheuaeth un o'r rheini oedd Jwdas. Y mae ei enw yn rhestr y deuddeg yn gyson o'r cychwyn cyntaf un. Beth bynnag a wnaeth iddo fradychu, un o'r deuddeg oedd o.

Efallai ei bod yn werth galw sylw am funud at y gwirionedd amlwg yma – dim ond disgybl all fradychu. Flynyddoedd yn ôl bellach fe fu helynt mawr ynglŷn â chriw o bobl ddysgedig a deallus iawn yng ngwasanaeth y Llywodraeth ym Mhrydain ddaru droi'n ysbïwyr i Rwsia – Burgess, Maclean a'r criw yna. Ymhen blynyddoedd wedyn roedd Kim Philby mewn cyfweliad â'r *Sunday Times* yn dweud peth fel hyn: 'to betray, you must first belong'. Allwch chi ddim bradychu, heb fod y tu mewn yn gyntaf.

Ein tuedd ni mewn dyddiau crefyddol dlawd a llwm ydi chwilio am le i roi'r bai – a dyma rai ohonyn nhw:

– ysbryd di-hitio'n hoes;
– y fateroliaeth affwysol sydd wedi cydio mewn pobl;
– cyfforddusrwydd bywyd yn troi meddyliau oddi wrth y pethau uwch;
– dylanwad y teledu;
– ehangu gorwelion a thyfu i fyny.

Ond ofer ydi chwilio am le i roi'r bai, a bytheirio yn erbyn yr amgylchiadau a phobl o'r tu allan. Dim ond disgybl all fradychu; un o'r deuddeg ddaru droi'n fradwr.

**2.** Y brad. Dyma gwestiwn anodd ei ateb – beth wnaeth Jwdas ei fradychu? Mynd ati i'w fradychu a wnaeth Jwdas, a cheisio unrhyw gyfle i wneud hynny. Beth oedd y brad? Sut y mae diffinio'r hyn a ddatgelodd y bradychwr?

Un ateb digon syml a awgrymir gan un o'r Efengylau yw iddo roi cusan i Iesu er mwyn i'r rhai oedd wedi dod i'w ddal ei adnabod. Ond rywsut, tydi'r cynnig yna ddim yn argyhoeddi. Roeddan nhw yn ei 'nabod o. Roedd o wedi bod o gwmpas ers amser, ac yr oedd o wedi bod wrthi'n gyhoeddus yn annerch y tyrfaoedd; ychydig ddyddiau ynghynt yr oedd o wedi dod i mewn i'r ddinas ar ebol asyn, a thyrfa fawr yn crynhoi o'i amgylch ac yn ei gyfarch. Ar ôl hynny wedyn roedd o wedi bod yn y Deml yn annerch ac yn dysgu. Roedd o'n ddigon adnabyddus iddyn nhw beidio â'i gamgymryd o am neb arall.

Ateb arall dipyn mwy cymhleth ydi i Jwdas sicrhau'r Archoffeiriad i Iesu honni mai ef oedd y Meseia. Yr oedd yr awdurdodau'n awyddus iawn i gael prawf digonol o drosedd mawr – trosedd oedd yn galw am ddedfryd o farwolaeth. A phe ceid prawf iddo ddweud mai ef oedd y Meseia – 'Brenin yr Iddewon' – byddai hynny'n ddigon o deyrnfradwriaeth i haeddu'r gosb eithaf. A byddai cael rhywun i ddweud iddo â'i glustiau ei hun glywed Iesu yn galw'i hun yn Feseia yn rhoi'r dystiolaeth yr oedd yr awdurdodau yn chwilio amdani. Os mai rhoi'r dystiolaeth yma a wnaeth Jwdas, y mae'n anodd iawn deall pam y bu'r awdurdodau mor esgeulus â pheidio â'i alw'n dyst wrth iddynt wrando'r achos. Am nad oedd ganddynt dyst y rhoed y cwestiwn i Iesu ei hun yn ystod y prawf.

Ateb arall syml iawn ydi mai'r hyn a fradychodd Jwdas oedd ymhle i gael gafael ar Iesu ar lethrau mynydd yr Olewydd. Yn ôl a ddywedir yr oedd yn beth digon arferol i nifer mawr o bobl wersylla ar y llethrau i fwrw'r Pasg. Dinas ar fryn oedd Jerwsalem, ac felly roedd llawer o'r tai heb erddi. Felly roedd gan nifer o'r bobl gefnog erddi preifat ar lethrau'r Olewydd y tu allan i'r ddinas. Dros yr ŵyl fe fyddai perthnasau a chyfeillion yn cael gwersylla yn eu gerddi. Efallai i ryw ffrind roi caniatâd i Iesu a'i ddisgyblion wersylla yn ei ardd. Styrbans o'r mwyaf fyddai i griw o filwyr ruthro i mewn i ganol y bobl yn y gerddi llawn yma i chwilio am un dyn a cheisio'i ddal. Yr hyn a fyddai'n help iddyn nhw fyddai cael rhywun i fynd â nhw'n syth i'r union fan lle'r oedd Iesu. Dyna a wnaeth Jwdas – gweithred fach syml o fynd â nhw i'r ardd iawn.

Efallai ei bod yn werth dweud mai yn y pethau bach, syml, ymarferol yn aml y mae'r brad. Mae tuedd inni feddwl weithiau bod eisiau gwneud pethau mawr gorchestol i fod yn fradwr – meddwl bod bradychu yn ddifrïo cableddus ar Iesu; meddwl bod eisiau dadlau'n ymfflamychol yn erbyn ei awdurdod a'i statws i fod yn fradwr, neu bod eisiau ymosod yn ffyrnig a sarhaus ar ei ddilynwyr, neu bod angen torri'n feiddgar frwnt ei safonau a'i ofynion. Does dim rhaid gwneud yr un o'r pethau yma i fod yn fradwr; yn y pethau bach, sy'n ymddangos yn ddigon dibwys a syml, yn aml y mae'r brad. Pan feddyliwch chi am y peth, ar y pethau ymarferol yr oedd pwyslais Iesu. Does gen i ddim cof iddo dreulio dim amser yn trafod rhyw athrawiaethau mawr haniaethol; aeth o ddim i drafferth fawr i weithio allan hanfodion y ffydd. Roedd un o bregethau pryfoclyd Hugh Montefiore yn Eglwys y Santes Fair yng Nghaergrawnt yn dwyn y pennawd 'Jesus versus the Creeds'. Galwad syml Iesu oedd 'Dilyn fi', ond cwestiwn yr Eglwys o hyd ydi 'Wyt ti'n credu?'. Ar yr ymarefrol yr oedd ei bwyslais o, ac yn y pethau ymarferol yn ydym yn ei fradychu.

**3.** Y bradychu. Fe drown yn ôl am funud at y llun. Fel y dywedwyd, y mae pob un o'r disgyblion yn gwneud rhyw ystum â'i law, a'r hyn sydd y tu ôl i'r ystum ydi'r hen gwestiwn annifyr yma , 'Ai myfi?'. Dyna felly oedd y disgyblion adeg y Swper Olaf – criw o ddynion anesmwyth ac ansicr, a'r cwestiwn yma'n gwneud iddyn nhw amau eu hunain ac amau ei gilydd.

Peth fel yna ydi bradychu. Mae o'r rhan amlaf yn digwydd o'r golwg; peth yn perthyn i'r dirgel ydi o. Ac am ei fod o'r golwg a neb yn gwbl sicr, y mae o'n anesmwytho'r gymdeithas. Wrth gwrs, y peth anhygoel ynglŷn â brad Jwdas oedd iddo fradychu ei feistr a'i arweinydd. Ond y mae'n amlwg hefyd iddo wneud tro gwael â'r disgyblion eraill. Fe ddaru o dorri ar y gymdeithas a'i difetha hi.

Fe ddylem ni gofio hyn hefyd wrth sôn am fradychu. Efallai ein bod ni'n teimlo weithiau y gallwn ni roi clec ar ein bawd, a dweud nad ydi'r hyn a wnawn ni yn fusnes i neb arall; peth i mi fy hun ydi beth bynnag yr ydw i'n ei wneud, a mae gen i hawl i wneud beth bynnag a fynna i. Ond tydi hi ddim mor syml â hynny; rydan ni wedi'n clymu yn rhwymyn bywyd gyda phobl eraill, ac ni allwn ein datgysylltu ein hunain a thorri'n rhydd a mynd yn rhyw ynys fechan ar ein pennau ein hunain. Yn un o'i ddramâu y mae gan Tennessee Williams frawddeg fel hyn:

> 'We have to distrust one another,
> It's our only defence against betrayal'.

Os oes yna unrhyw bosibilrwydd bradychu, os oes yna'r awgrym lleiaf y gall y peth ddigwydd, yna mae yna anniddigrwydd ac ofn; mae rhywun am fod yn barod ac am ddechrau codi mur amddiffyn iddo'i hun. A'r mur y mae rhywun yn ei godi ydi peidio ag ymddiried. Diffyg ymddiriedaeth ydi canlyniad trist yr awgrym o frad. A does 'na ddim mor ddiflas â chymdeithas lle mae pobl yn methu ymddiried yn ei gilydd, cymdeithas lle mae amheuaeth yn llechu, ofn yn teyrnasu a'r angen i edrych dros ysgwydd yn barhaus.

Rhaid cofio o hyd bod yr hyn a wnawn ni yn effeithio ar eraill; gall eu hanesmwytho, eu brifo a'u siomi. Peth dirgelaidd ydi bradychu, ond y mae'r hen beth dirgelaidd yna fel toes yn gweithio trwy'r blawd i gyd.

Wrth ofyn y cwestiwn yma 'Ai myfi?', cofiwn mai rhai o'r tu mewn sy'n bradychu, mai yn y pethau syml ac ymarferol y mae brad, ac mai rhywbeth sy'n effeithio ar y gymdeithas gyfan ydi bradychu. A defnyddio'r geiriau sydd ynglŷn â sefydlu'r Cymun, 'Bydded i ddyn ei holi ei hunan, ac felly bwyta o'r bara ac yfed o'r cwpan'.

✦   ✦   ✦

Emynau: 810 'Ein Tad, rho inni'r fendith'
109 'Fy meiau trymion, luoedd maith'
360 'Ai am fy meiau i'
594 'Dros bechadur buost farw'

Darlleniadau: Ioan 12: 1-8; Marc 14: 10-21, 43-50

Gweddi: *Helpa ni yn awr, ein Tad, i nesáu atat, ac i ymlonyddu ac ymdawelu yn dy bresenoldeb. Edrych arnom ein hunain yr ydan ni wrth ddod i'r gwasanaeth arbennig yma er mwyn inni weld ein hunain fel yr ydan ni. Cyfle ydi o i hunanymholi, i'n hasesu ein hunain ac i weld ein hunain fel yr ydan ni mewn gwirionedd.*

*Fe sylweddolwn mai yma yr ydan ni'n ein gweld ein hunain yn iawn.* Pan edrychwn ni arnom ein hunain mewn rhai mannau ac mewn rhai sefyllfaoedd tydan ni ddim yn ein gweld ein hunain yn iawn. Mae hi'n hawdd iawn inni gael golwg gam a chyfeiliornus arnom ein hunain. Mewn ambell i sefyllfa yr hyn a wnawn ni ydi cymharu'n hunain â phobl eraill o'n cwmpas, a'r rheini'n aml iawn yn rhai nad ydyn nhw'n werth cymharu efo nhw. Pan wnawn ni hynny, rydan ni'n ein gweld ein hunain yn dda ac yn gyfiawn, yn byw'n reit agos i'n lle. Ar adegau felly rydan ni fel y Pharisead hwnnw'n diolch nad ydan ni ddim fel pobl eraill.

Mewn ambell i sefyllfa 'rydan ni'n meddwl bod yna lawer o bethau ynglŷn â ni y gallwn ni eu canmol. Gweld rhinweddau ynom ein hunain yr ydan ni; mae llawer o'r pethau yr ydan ni'n eu gwneud yn dda, mae 'na rai pethau yn ein ffordd ni o fyw sy'n haeddu canmoliaeth. Ac yr ydan ni'n medru meddwl am lawer iawn o bethau sâl na fyddem ni byth yn disgyn mor isel â'u gwneud. 'Rydan ni fel y Pedr hwnnw'n teimlo, pe bai pawb arall yn troi cefn arnat Ti , na fyddem ni byth yn gwneud hynny.

Mewn ambell i sefyllfa fe welwn ni lawer iawn o bethau yr ydan ni'n rhagori ynddyn nhw. Efallai ein bod ni'n rhagori mewn ffyddlondeb, neu mewn cariad, neu mewn gofal am ein gilydd. A phan ydan ni'n edrych draw oddi wrthym ein hunain rydan ni'n gweld digon o bethau i'w condemnio a digon o bobl i'w beirniadu am eu haml ffaeleddau. 'Rydan ni fel y Jwdas hwnnw'n feirniadol o ambell weithred dda, ac yn meddwl bod gennym ni ffordd well.

Ond yma, wyneb yn wyneb â'th gariad ac â hunan-aberth rhyfeddol Iesu, rydan ni'n ein gweld ein hunain fel yr ydan ni.

*Nid fel y Pharisead cyfiawn y down ni yma, ond fel pechaduriaid edifeiriol. Wyneb yn wyneb y gwelodd Pedr ei hunan fel yr oedd o, a wyneb yn wyneb y gwelodd Jwdas Iscariot ei hunan fel yr oedd o. A phan welwn ni ein hunain, y cyfan y gallwn ei wneud ydi dweud, 'Oll fel yr wyf, heb ddadl i'w dwyn, Ond iti farw er fy mwyn'. Helpa ni i ddod yn awr yn yr ysbryd hwnnw.*

*Fe wyddom hefyd, os down yn yr ysbryd hwnnw, y byddwn yn mynd oddi yma'n wahanol. Fe fyddwn yn cael ein hadnewyddu, yn cael iechyd i enaid ac ysbryd, yn cael maeth a lluniaeth i'n heneidiau, ac yn dod yn greaduriaid newydd.*

*Cymer ein meddyliau, ein geiriau a'n gweithredoedd, a helpa ni i fynd y tu draw i'r rheini at y Gwir ei hun. Yn Iesu Grist, Amen.*

# 9
# PRÂG
## (1996)

Ar ymweliad â Phrâg dros y Pasg, fe gawsom gyfle i weld rhai o'r Eglwysi gwych sydd yng nghanol y ddinas, a chlywed canu godidog iawn mewn sawl offeren. Ond yr ochr arall i'r afon, yn un o'r strydoedd llai prysur, fe ddaethom ar draws Eglwys ddigon di-addurn. Adeilad sgwarog, digon plaen yr olwg ar godiad tir uwchlaw'r stryd oedd o, ac yr oeddan ni wedi ei basio ddwywaith neu dair heb gymryd unrhyw sylw ohono. Ond roeddan ni wedi sylwi hefyd bod 'na lawer o bobl yn troi i mewn – yn wir, heidiau weithiau'n dringo'r grisiau at yr adeilad yma. O'r diwedd fe aeth chwilfrydedd yn drech na ni a dyma benderfynu mynd i mewn, a dyma weld rhywbeth yno nad oeddan ni erioed wedi ei weld o'r blaen. Uwchben yr allor, mewn cas gwydr a oedd wedi ei oleuo'n llachar roedd 'na ddelw fechan o'r baban Iesu yn eistedd ar orsedd. Erbyn holi mae 'baban Prâg' – *bambino di Praha* – yn dra enwog, ac mae miloedd ar filoedd o bobl o wahanol genhedloedd a gwahanol ieithoedd yn dod i'w weld bob blwyddyn. Pam, meddech chi, dod bellter i weld peth mor syml â delw o faban? Un rheswm ydi bod hen draddodiad, er pan osodwyd y ddelw yno yn 1628, bod 'na rhyw rym gwyrthiol yn perthyn iddi hi. Ac fe ddaw'r pererinion yma a phenlinio ac ymgroesi, ac wedi gwneud hynny disgwyl i rhyw rin gwyrthiol o'r ddelw gael ei drosglwyddo iddyn nhw ac ateb rhyw angen sydd arnyn nhw. Rheswm arall ydi bod y dillad am y baban Iesu ar ei orsedd yn newid; fe ddywedir bod yno lond wardrob o ddillad drudfawr a'r rheini'n cael eu defnyddio i wisgo

Iesu yn ôl y gofyn. Gan mai yn ystod y Pasg yr oeddan ni yno, dillad gwyn oedd amdano a choron aur ar ei ben. Ond y mae'r dillad yn newid o hyd; y mae amrywiaeth yno i newid yn ôl y tymhorau ac yn ôl yr amgylchiadau, a hefyd yn ôl cenedl a lliw ac anghenion yr addolwyr sy'n dod yno.

A dyma rywbeth sydd wedi aros efo mi ar ôl yr ymweliad â Phrâg – y syniad yma bod Iesu'n newid ac yn mynd yn wahanol yn ôl y dillad a roir amdano. Wrth gwrs, mae'n rhaid inni gofio bod Iesu'n cyfarfod ag anghenion pob math o bobl, a bod ei neges yn addas ar gyfer pob math o amgylchiadau. Mae Iesu'n fyw, ac y mae ei neges o'n fyw am ei bod hi'n berthnasol mewn gwahanol sefyllfaoedd ac am y medrwn ei haddasu hi ar gyfer pob oes a phob cyfnod. Fel yna mae hi wedi bod erioed; mae 'na liw cyfnod, a blas gwareiddiad ac ôl amgylchiadau ar y ffordd y mae pobl wedi deall Iesu. Yn y cyfnod cynnar, pan oedd yr Eglwys Gristnogol yn dechrau ar ei gwaith, fe gawn ymadroddion fel 'Mab y Dyn', 'Mab Duw', 'Crist', ac y mae pob un o'r rhain yn sawru'n drwm o ddiwylliant arbennig ac yn adlewyrchu disgwyliadau arbennig. Mae arlliw'r cefndir Iddewig yn drwm arnyn nhw. Ond eto yng nghanol yr holl ddehongli fe saif y person, Iesu o Nasareth. Mae 'na bob amser rhyw fath ar densiwn rhwng Iesu, ei berson, ei weinidogaeth a'i neges ar y naill law, ac ar y llall disgwyliadau a dyheadau cyfnod arbennig a phobl arbennig; y mae'n densiwn rhwng Iesu ei hun a dehongliadau cyfnod ac amgylchiadau. O'i roi fel arall y mae'n densiwn rhwng Iesu fel yr oedd a Iesu yn y dillad a roir amdano. Y perygl yw i Iesu ei hun fynd ar goll, ac i'r gwisgoedd a roir amdano guddio Iesu fel yr oedd o.

I arwain ein meddyliau at y gwirionedd yma fe ddewiswyd dwy adnod yn destun, un o bob pegwn i fywyd Iesu, o hanes ei eni a hanes ei farw. O hanes ei eni y daw'r gyntaf – **'a rhwymodd ef mewn dillad baban a'i osod mewn preseb'** (Luc 2: 7), ac o hanes ei groeshoelio y daw'r ail – **'Ac wedi iddynt ei watwar, tynasant y porffor oddi amdano, a'i wisgo ef â'i ddillad ei hun'** (Marc 15: 20). Daeth yma mewn dillad baban, aeth oddi yma yn ei ddillad ei hun. Pa ddillad tybed a roddwn ni am Iesu? Mae 'na amryw o wahanol bosibiliadau:

1. Dillad parch. Ewch yn ôl am funud at hanes y croeshoelio. Mi gymrodd y milwyr Iesu i mewn i'r cyntedd a'i wisgo â phorffor, plethu coron ddrain a'i gosod ar ei ben a gweiddi arno, 'Henffych well, Frenin yr Iddewon'. Gwatwar yr oedd y milwyr a gwneud hwyl am ei ben. Ond y peth sy'n ddiddorol ydi bod y darlun o frenin ar ei orsedd a choron ar ei ben wedi glynu. Dyna sut y cyfeirir at Iesu'n aml iawn.

Wrth gwrs, roedd o'n hen ddarlun ac wedi bod yn gysylltiedig â Duw er dyddiau'r Hen Destament. Dyma un enghraifft o hynny yn dod o hanes Eseia'n cael ei alw'n broffwyd yn ystod gwasanaeth arbennig yn y Deml. Fel hyn y disgrifiodd yr hyn a ddigwyddodd yno: 'gwelais yr Arglwydd. Yr oedd yn eistedd ar orsedd uchel, ddyrchafedig, a godre'i wisg yn llenwi'r deml. Uwchben yr oedd seraffiaid i weini arno'. Prin y caech chi well disgrifiad o frenin – mae'n eistedd ar ei orsedd yn ei wisgoedd crand a'i weision yn gweini arno. Mae'r un syniad yn frith trwy lyfr y Salmau hefyd:

'Y mae'r Arglwydd yn frenin; y mae wedi ei wisgo â
    mawredd,
y mae'r Arglwydd wedi ei wisgo, a nerth yn wregys iddo'.

Yr hyn a ddigwyddodd wedyn oedd trosglwyddo'r darlun a gwneud Crist y Meseia yn frenin. Er i Iesu ei hun wrthod y teitl o frenin, fe lynodd y darlun, ac fe gyhuddwyd ei ddilynwyr yn gynnar iawn o honni bod 'ymerawdr arall, sef Iesu'. Ac yr ydan ninnau'n dal i ganu:

'Mae'r Iesu ar ei orsedd wen,
    Ac ar ei ben bo'r goron'.

Yn fuan iawn yn hanes yr Eglwys fe roed dillad parch eraill am Iesu – dillad offeiriad, neu'n wir, dillad archoffeiriad. Honiad yr Epistol at yr Hebreaid yw fod 'gennym archoffeiriad mawr sydd wedi mynd drwy'r nefoedd, sef Iesu, Mab Duw'. Fel pob offeiriad arall 'offrymu rhoddion ac aberthau dros bechod' yr oedd o, a hynny ar ei ran ei hun fel ar ran y bobl. Gwnaeth Crist hynny, ac o'r herwydd cafodd 'ei enwi gan Dduw yn archoffeiriad yn ôl urdd Melchisedec'. Mae'r darlun yma hefyd wedi aros, ac yr ydym yn ein hemynau yn cyfarch Crist fel 'Iesu'r Archoffeiriad mawr'.

Mae'n hawdd deall beth sydd y tu ôl i ddefnyddio gwisg brenin a gwisg archoffeiriad; fe roddir dillad parch am Iesu, er mwyn dangos parch ac anrhydedd tuag ato. Dangosir parch ato fel un sydd uwchlaw ac yn wahanol. Yn y parch yma fe geir elfen o blygu ac ymostwng gerbron duwdod. Y mae elfennau eraill sy'n perthyn i'r rhain i'w gweld yn glir yn nysgeidiaeth Iesu hefyd; dod i gyhoeddi dyfodiad 'teyrnas' a wnaeth, a neges ganolog ei ddilynwyr cyntaf oedd fod 'Iesu yn Arglwydd'. Efallai'n wir bod yn rhaid defnyddio termau fel teyrnas, brenhiniaeth ac arglwydd yn yr hen fyd; yr oedd grym ac awdurdod yn bwysig yn yr hen wareiddiadau, ac yr oedd diddordeb mawr mewn pethau fel arglwyddiaeth a llywodraeth. Yr oedd y pwyslais yma'n digwydd siwtio'r Cristnogion bore hefyd; eu neges ganolog oedd cyflwyno bywyd i Iesu, derbyn Iesu yn Arglwydd bywyd, plygu'n gyfan gwbl i Arglwyddiaeth Crist; dyna pam y bu i un o'i ddisgyblion ei gyfarch fel 'Fy Arglwydd a'm Duw'.

Er cydnabod dilysrwydd y pwyslais yma ar arglwyddiaeth Iesu, y mae'n rhaid gofyn – a oes perygl inni yng nghanol y pwyslais yma golli'r gwir Iesu? Wrth ei wisgo yng ngwisgoedd porffor brenin ac yng ngwisgoedd gwynion offeiriad, beth tybed sydd wedi digwydd i Iesu o Nasareth , mab y saer, arweinydd llanciau o bysgotwyr, athro tyrfaoedd, y gŵr syml a phlaen? A gollwyd y gwir Iesu ym mhlygion y dillad parch?

**2.** Dillad ffasiwn. Dyna ni wedi sôn am yr hyn a wnaeth Cristnogion cynnar gyda Iesu, ac fel y mae eraill wedi dilyn. Rhaid gofyn ymhellach, beth sy'n digwydd i Iesu pan geisir ei wneud o'n berthnasol i'n hoes a'n cyfnod ni? Neu, os mynnwch chi, beth sy'n digwydd pan roir o yn nillad ffasiynol y dydd? Mae hynny hefyd wedi digwydd, ac mae o'n dal i ddigwydd.

Mae gan bob oes ei phroblemau a'i dyheadau; does 'na'r un cyfnod heb ei anawsterau a'i obeithion. Ac wrth droi at Grist fel Gwaredwr, mae'r problemau a'r anawsterau hynny yn dod i liwio'r darlun; wrth ddisgrifio'r waredigaeth, mae ein dyheadau a'n gobeithion ni yn penderfynu sut yr ydan ni'n ei disgrifio hi. Mae gan bobl sy'n dioddef newyn a chyni a thlodi eu darlun pendant o Grist a'r waredigaeth y mae'n ei chynnig. Mae gan bobl sy'n dioddef trais a gorthrwm eu darlun pendant o Grist y rhyddhawr. Rhoi dillad ein dydd a'n hamgylchiadau amdano a wnawn ni o hyd; dyna ddillad ffasiynol ein dydd.

Gyda'r anesmwythyd sydd yn ein cymdeithas ni yn y wlad yma, y mae hi'n demtasiwn fawr i roi dillad y diwygiwr cymdeithasol am Iesu. Fel y cawn ein hatgoffa o hyd, y mae 'na haenau trwchus yn ein cymdeithas ni – a'r haenau hynny'n ôl pob golwg yn mynd yn fwy trwchus bob blwyddyn – sydd angen gofal a chymorth. Mae 'na deuluoedd un rhiant sy'n byw mewn cyni a thlodi; mae 'na ddioddefwyr sy'n gaeth i ddrygiau ac alcohol; mae 'na bobl ddeallus sy'n methu gweld diben i fywyd am eu bod nhw'n methu cael gwaith; mae 'na bobl sy'n cael eu llethu gan annhegwch bywyd am eu bod nhw'r ochr anghywir i'r llinell sy'n rhannu'r cyfoethog oddi wrth y tlawd; mae 'na bobl sy'n bryderus am eu hiechyd rhag ofn iddyn nhw fethu cael gwely mewn ysbyty a methu cael gofal boddhaol ar ôl cael un. A'r ateb, medd rhai, ydi Iesu; mae ei ddysgeidiaeth o'n llawn o'r newidiadau sydd eu hangen er mwyn gwella cymdeithas a sicrhau cyfiawnder i bobl; mae ei safonau o'n wahanol ac y mae o am newid y gwerthoedd; mae ganddo fo syniadau gwahanol am ddyn ac am fywyd. Mewn geiriau eraill, roedd Iesu am chwyldroi cymdeithas. Diwygiwr cymdeithasol oedd Iesu – y gweithiwr cymdeithasol uchaf ei safonau a dyfnaf ei gonsyrn.

Mae 'na wisgoedd eraill wedi eu rhoi am Iesu heblaw gwisg y diwygiwr cymdeithasol. Fe welwn rai ohonyn nhw pe baem ni'n ddim ond meddwl am y portreadau ohono a gaed mewn dramâu a ffilmiau. Ewch yn ôl i'r chwedegau ac fe gofiwch y portread ohono yn y ffilm *King of Kings*; y 'swinging sixties' – dyna'r cyfnod, ac y mae hynny wedi dylanwadu'n fawr ar y darlun o Iesu a bron na fedrwch chi weld delwedd o hogyn coleg y chwedegau wedi colli ei liw ar y darlun. Ewch ymlaen ddegawd i'r saithdegau, ac fe gewch ddarlun gwahanol yn y ffilm *Jesus Christ Superstar*. Oes aur y canu pop oedd hi, ac enwau mawr y gerddoriaeth boblogaidd yn denu bryd y bobl ifanc; a dyna'r portread o Iesu – mae o'n symud ar draws y llwyfan i rythmau cryfion cerddoriaeth y dydd. Ac yn yr wythdegau eto fe gafwyd darlun gwahanol iawn ohono; yn yr wythdegau roedd 'na gonsyrn mawr am rywioldeb ac am yr holl gymhlethdodau sy'n codi ynglŷn â rhyw, ac fe adlewyrchir hynny yn ffilm yr wythdegau, *The Last Temptation of Christ*. Y rhagdybiaeth oedd bod Iesu'n ddyn fel ni, ac felly bod ganddo ddyheadau a chwantau rhywiol ; pan roddwyd dillad yr wythdegau amdano, fe aed ati i drafod ei ddiddordebau rhywiol.

Mae'r dillad yn newid o gyfnod i gyfnod; fe roddwn ni ddillad y nawdegau amdano, ac fe roddwyd rhai gwahanol yn yr wythdegau, y saithdegau a'r chwedegau. Mae'n siwr gen i ein bod ni'n deall beth sy'n digwydd a bod gennym ni gydymdeimlad â hynny – trio'i wneud o'n berthnasol i anghenion a dyheadau ein cyfnod yr ydan ni – ei wneud o'n Waredwr cyfoes. A does dim amheuaeth nad oes raid dangos cyfoesedd a pherthnasedd Iesu; os nad ydio'n berthnasol i anghenion heddiw, all o ddim bod yn Waredwr inni. Ond y mae'n rhaid gofyn: yn y dillad ffasiwn yma, ai Iesu o Nasareth ydio? A oes perygl i'r gwir Iesu fynd ar goll ym mhlygion dillad ffasiwn y dydd?

**3.** Ei ddillad ei hun. Yn ei ddillad ei hun y daeth Iesu yma, ac yn ei ddillad ei hun yr aeth oddi yma. Beth am y dillad hynny? Ydio'n bosibl diosg yr holl wisgoedd eraill sydd wedi eu rhoi amdano – y dillad parch a'r dillad ffasiwn – a'i weld o fel yr oedd?

Fe geisiwn wneud hynny trwy fynd yn ôl at y ddwy adnod a ddarllenwyd o'r Efengylau. Wedi ei eni fe'i rhoddwyd mewn dillad baban, a'r peth cyntaf sy'n taro rhywun ynglŷn â hynny ydi symlrwydd a naturioldeb y peth. Iesu sydd wedi derbyn cyffredinedd ydi o. Iesu syml iawn oedd Iesu'r preseb, a Iesu syml iawn oedd mab y saer. Y mae'r elfen hon i'w gweld trwy holl gwrs ei weinidogaeth o: pysgotwyr cyffredin a alwodd i'w ddilyn; efo tyrfaoedd o bobl gyffredin ar lechwedd mynydd neu ar lan llyn yr oedd o'n siarad; Mair, Martha, Mair Magdalen oedd ei gyfeillesau o; efo publicanod a phechaduriaid yr oedd o'n bwyta, a'i bwyslais mawr oedd mai pechaduriaid, nid rhai cyfiawn, sy'n cael eu croesawu gan Dduw. Daw yn gwbl amlwg oddi wrth stori'r Efengylau bod y pwyslais yma'n peri tramgwydd. Y cwestiwn mawr oedd pam ei fod o'n cadw'r math yma o gwmni yn lle cyfeillachu efo'r arweinwyr crefyddol; pam roedd o'n troi efo criw mor sâl yn lle troi i'r deml i gyfeillachu efo'r doctoriaid oedd yno?

O droi at y pen arall i'w fywyd, fe'i cawn yn gwisgo'i ddillad ei hun wrth farw ar groesbren. A dyna beth arall a welwn am Iesu – Iesu dioddefus ydi o, Iesu oedd wedi ei ddarostwng i ddioddef ofnadwy o greulon croeshoeliad, Iesu gwrthodedig, Iesu oedd dan warthrudd drwgweithredwr. A dyma oedd y tramgwydd mawr; dyma'r rhwystr pennaf, dyma'r sgandal na ellid ei dderbyn. Doedd sôn am Feseia'n dioddef ddim yn gwneud sens; allai neb ddychymygu am y gwaredydd ar groesbren. Er i Iesu ei hun fod wedi paratoi ei ddilynwyr ers amser ar gyfer hyn, ac wedi sôn llawer am y dioddef, pan ddaeth yr amser doedd neb yn barod i dderbyn hynny. Doedd y disgyblion agosaf hyd yn oed ddim yn deall ac yn derbyn; fe ddaru Pedr ei geryddu, ac yn ôl un o'r Efengylau yr hyn a ddywedodd oedd, 'Na ato Duw, Arglwydd. Ni chaiff hyn ddigwydd i ti'. Yn wir, roedd llawer o'r bobl gyffredin yn credu'n siwr y byddai'n ei arbed ei hun y funud olaf; eu ple oedd, 'achub dy hun . . . a disgyn oddi ar y groes'. Y tramgwydd mawr oedd iddo ddewis ffordd dioddefaint.

A dyna'r tramgwydd o hyd. Yr hyn sy'n gwneud pethau'n anghyfforddus ac yn annerbyniol i lawer ydi mai'r ffordd yma yr oedd Iesu'n ei chynnig i'w ddilynwyr hefyd. Ei sialens i'r rhai sydd am ei ddilyn ydi gofyn iddynt ddilyn ei esiampl a chodi'r groes. Ei wacáu ei hun, ei iselhau ei hun a rhoi ei hun yn gyfan gwbl mewn cariad a wnaeth Iesu. Mewn cariad yn unig y mae dyn hefyd yn ei ddarganfod ei hun ac yn dod at wraidd bodoloaeth.

Hanner canrif a rhagor yn ôl fe ysgrifennodd Dietrich Bonhöffer eiriau fel hyn:

'Mae dyn yn ei gyni yn edrych i fyny at nerth Duw. Ond mae'r Beibl yn ei gyfeirio at ddinerthedd Duw; dim ond Duw sy'n dioddef all ein cynorthwyo'.

Dyma'r grym mwyaf yn y pendraw, grym cariad. Y mae Iesu'n ein cyfeirio at symlrwydd, nid mawredd; at gyffredinedd, nid arucheledd; at ostyngeiddrwydd, nid hunan-ddyrchafu; at ddioddef, nid arglwyddiaethu; at groes drwgweithredwr, nid at goron brenin. Dyna'r dillad a wisgodd; a dyna'r dillad nad ydym yn eu hoffi, a'r hyn a wnawn ydi brysio i'w diosg a'i wisgo mewn rhai eraill – dillad parch efallai, neu ddillad ffasiwn efallai.

Ar y diwedd fel hyn, rydw i am ofyn: pa ddillad sydd am eich Iesu chi? Ydach chi'n deisyfu Crist grymus a phwysig, ac yn chwilio am ddillad parch iddo? Neu ydi'n well ganddoch chi Grist sy'n ymgorfforiad o'ch dyheadau chi, yn Grist bach sy'n eich siwtio chi, ac yn rhoi dillad ffasiwn amdano? Ynteu ydach chi'n barod i ddilyn y Crist syml a dioddefus, Crist yn ei ddillad ei hun?

✦  ✦  ✦

Emynau:  159  'O nefol addfwyn Oen'
         137  'Pêr fydd dy gofio, Iesu da'
         821  'Wele'n sefyll rhwng y myrtwydd'
         874  'Bendigedig fyddo'r Iesu'

Darllen: Mathew 16: 13-26

Gweddi:  *Yn Iesu Grist yr ydan ni'n troi atat Ti'n awr, ein Tad; trwyddo fo yr ydan ni'n trio meddwl amdanat Ti. Dyna'r ffordd sydd gennym ni i ddod atat Ti. Mae 'na bobl sydd wedi trio dyfod ar hyd ffyrdd eraill. Mae rhai wedi meddwl ei bod hi'n haws dy gael Di ym mhrydferthwch byd natur o'u cwmpas nhw; mae 'na rai wedi meddwl ei bod hi'n haws iddyn nhw dy weld yn llywio digwyddiadau yn hanes y byd y mae nhw'n byw ynddo. Ond yn Iesu Grist yr ydan ni'n dyfod; dyna'r ffordd sydd gennym ni at y Tad.*

*Rydan ni'n medru dyfod yn haws yn Iesu am mai ynddo fo yr wyt Ti wedi dod agosaf atom ni, wedi dod i'n byd ni ac i'n bywyd ni. Mae Iesu yn un yr ydan ni'n medru ei weld, ac ar un ystyr beth bynnag ei ddeall a'i amgyffred. O ran ein meddyliau a'n* dychymyg rydan ni'n medru mynd yn ôl i'w gartref ac i'w amgylchiadau. Rydan ni'n gwybod am ei deulu, fe allwn ni weld gweithdy'r saer, fe wyddom ni dipyn am y bobl oedd o'i gwmpas o, ac yr ydan ni fel pe baem ni'n 'nabod yr hogiau oedd efo fo. Rydan ni'n medru deall ei waith o, ac yr ydan ni'n gallu ei weld o'n mynd o gwmpas yn tosturio ac yn trugarhau, yn estyn llaw i godi ac i gynorthwyo. Rydan ni fel pe baem ni'n clywed ei neges o – y pethau mawr ddywedodd o, y sialens roddodd o i'w wrandawyr, yr alwad i bobl ddilyn ei ffordd. Er nad oes ganddom ni lun ohono fo, rydan ni'n ei weld o yn un oedd yn wylo ac yn llawenhau, yn berson dwys a phreifat ac yn un oedd yn hoffi cymdeithasu. Yn y pethau yma i gyd, fe ddaeth o'n agos iawn atom ni, fe ddaeth o'n un ohonom ni, ac y mae'n haws inni trwyddo fo ddod atat Ti.

A thrwyddo fo, dod atat Ti yr ydan ni. Os oedd o'n agos atom ni, roedd o'n rhyfeddol o agos atat Ti hefyd. Roedd o'n rhagorol wahanol i ni. Yn un peth roedd o'n gwbl anhunanol ac yn ei roi ei hun yn ngwasanaeth eraill – a hynny i'r eithaf un nes colli ei fywyd yn y diwedd. Mae 'na hefyd rhyw rym gwahanol yn y pethau ddywedodd o; roedd pobl ei oes ei hun yn teimlo bod rhyw ddylanwad a rhyw awdurdod yn ei eiriau o. Rydan ni'n hoffi meddwl bod yna rhyw dynerwch nefolaidd yn ei lygaid o, bod yna rhyw gadernid gwahanol yn ei law o a bod 'na rhyw berffeithrwydd ac arbenigrwydd yn perthyn i'w gymeriad o. Pan ydan ni'n meddwl amdano fo, teimlo rydan ni ein bod ni'n dod yn rhyfeddol o agos atat Ti. Os mai ynddo fo yr wyt Ti wedi dod agosaf atom ni, ynddo fo hefyd yr ydan ninnau'n dod agosaf atat Ti.

Wrth inni ddiolch yn awr am Iesu, yr Iesu rhyfeddol ac arbennig, rydan ni'n gofyn am help i wynebu'r sialens y mae'n ei rhoi inni. Fe wyddom ei fod trwy ei ddylanwad yn ein codi uwchlaw yr hyn ydan ni yn nes atat Ti. Trwy ei rym y mae'n gallu ein newid ni – ein symud ni o'n hunanoldeb cysurus, o'n bywyd gwag ac arwynebol, o ganol ein materoldeb di-ddychymyg – ein newid ni i wynebu posibiliadau newydd ac i gyrraedd at bethau uwch a gwell. Ond fe wyddom ni, ein Tad, na fydd hynny'n digwydd heb inni ymateb i Iesu – bod yn ddigon *ystwyth a pharod i adael iddo ef ein llunio ni o'r newydd, ein hail-wampio ni a gwneud creadigaeth newydd ohonom ni. Helpa ni, ein Tad, i weld yr Iesu hwnnw, ac i ymateb iddo. Amen.*

# 10

# Y GOFOD

## (1996)

Fe hoffwn i ddarllen dwy adnod o'r Beibl. Y mae'r gyntaf yn un gyfarwydd iawn o Salm 8:

'Pan edrychaf ar y nefoedd, gwaith dy fysedd, y lloer a'r sêr, a roddaist yn eu lle, beth yw dyn iti ei gofio?'

Y mae'r ail, o lyfr Eseia (40: 22), yn llai cyfarwydd:

'Y mae ef yn eistedd ar gromen y ddaear,
a'i thrigolion yn ymddangos fel locustiaid'.

Mae 'na rai pethau sy'n gyffredin i'r ddwy adnod. Yn un peth, yr un syniad sydd ganddyn nhw am y byd, syniad eu cyfnod, sef bod y ddaear yn fflat, a'r ffurfafen uwch ben yn hanner cylch drosti, yn fath ar bowlen dros y ddaear. Peth arall, – y mae'r ddwy adnod yn gweld bod dyn o'i gymharu â'r byd o'i gwmpas yn greadur bach disylw iawn – 'beth yw dyn iti ei gofio?'; 'a'i thrigolion yn ymddangos fel locustiaid'. Ond wedi dweud hynny, y mae'r ddwy adnod yn wahanol iawn i'w gilydd; ar y ddaear fflat yn edrych i fyny y mae'r Salmydd – 'pan edrychaf ar y nefoedd'; ond ar ben y cylch, ar dop y bowlen, yn edrych i lawr y mae Duw – 'yn eistedd ar gromen y ddaear'. Un yn edrych i fyny, a'r llall yn edrych i lawr; un oddi ar y ddaear yn edrych allan, a'r llall o'r tu allan yn edrych ar y ddaear. Persbectif yr adnod gyntaf o'r ddwy yw'r un cyffredin a'r un yr ydym ni'n gyfarwydd ag o; yn wir, dyna'r unig un sydd wedi bod yn bosibl hyd yn ddiweddar.

Ond yn agos i hanner can mlynedd yn ôl, fe ysgrifennodd yr astronomydd Fred Hoyle eiriau i'r perwyl yma: 'Unwaith y cawn ni ddarlun o'r ddaear wedi ei dynnu o'r tu allan, fe enir syniad newydd'. Geiriau proffwydol oedd geiriau Fred Hoyle, oherwydd ymhen rhyw ddeuddeg mlynedd wedyn fe lwyddwyd i yrru llongau i fyny i'r gofod a'r rheini'n anfon yn ôl luniau o'r ddaear wedi eu cymryd o'r tu allan. Ymhen ychydig roedd 'na bobl yn cael eu hanfon i fyny; erbyn hyn y mae tua 3,000 o bobl wedi bod yn y gofod. Ac y maen nhw wedi cael y profiad rhyfeddol yma o edrych ar y byd o'r tu allan, edrych i lawr ar y ddaear. Ac y mae mwy nag un ohonyn nhw wedi dweud bod y profiad yna wedi cael dylanwad trwm a pharhaol arnyn nhw.

Wrth gwrs, y mae'r teithwyr yma i'r gofod yn bobl sydd wedi eu dewis yn ofalus iawn; fel arfer, y maen nhw'n bobl ddeallus, wedi cael addysg o'r radd flaenaf, ac wrth gwrs, yn gorfforol gryf ac iach. Maen nhw hefyd yn bobl gytbwys iawn; y mae'r profion seicolegol arnyn nhw'n llym iawn er mwyn gwneud yn siwr eu bod nhw o ran meddwl a chymeriad yn seicolegol addas ar gyfer y gofynion arnyn nhw. Wedi eu dewis, y mae 'na fisoedd lawer o baratoi arnyn nhw ar gyfer y daith hir i'r gofod. Ac meddai un ohonyn nhw – mae 'na un peth na all neb eich paratoi ar ei gyfer, sef cael golwg ar y byd o'r tu allan. Fe gewch chi bobl yn dweud wrthych chi am yr olygfa, fe gewch chi weld darluniau o'r olygfa. Ond does dim yn gallu'ch paratoi chi ar gyfer y profiad; mae'n rhagori ar bob darlun, yn mynd â'ch gwynt chi, yn brofiad dramatig ac emosiynol. Ac y mae mwy nag un o'r gofodwyr yn tystio bod edrych ar y byd o bersbectif gwahanol wedi bod yn fath o ddatguddiad sydd wedi dylanwadu ar eu meddwl ac ar eu hagwedd.

Profiad na chewch chi na minnau byth mohono ydi hwn. Ond y mae'r profiad wedi ei groniclo'n llawn gan y gofodwyr mewn llyfr, *The Home Planet*, sydd wedi ei gyhoeddi ddwywaith ac sydd erbyn hyn allan o brint. Fe gawn flas ar eu profiad, a rhannu yn eu gweledigaeth a'r datguddiad a gawsant, ar ddalennau'r llyfr hwnnw.

Yr hyn a wnawn felly ydi mynd ar daith gyda'r gofodwyr, a cheisio cip ar y ddaear yma o'r persbectif arall, persbectif yr edrych i lawr. Efallai y cawn ni gadarnhad o rai pethau yr oeddem ni'n eu credu'n barod, ac efallai y dysgwn ni rai pethau newydd. Ond mae hi'n ffordd wahanol o edrych ac o weld. Fe awn ni ar daith gyda'r gofodwyr, ac edrych ar y byd, a defnyddio geiriau Eseia, oddi 'ar gromen y ddaear'.

**1.** Y mae'r byd yn gartref. Wrth fynd i fyny i'r gofod, y mae'r gofodwyr wedi cael y profiad o bellhau'n raddol oddi wrth y byd; maen nhw wedi ei weld o'n mynd yn bellach, bellach ac yn llai,llai, ac yn y diwedd yn ddim ond rhyw farblen fach yn y pellter. Wrth i hynny ddigwydd, mae 'na rhyw hiraeth cynyddol am adre yn dod drostyn nhw. Maen nhw'n gweld y ddaear fel gem gwerthfawr, a hwythau heb ddim i gydio ynddo ond hwnnw. Maen nhw'n teimlo bod rhyw gynhesrwydd yn perthyn i'r ddaear, bod y byd yn rhesymol, yn gariadus, yn cyd-gordio â'i gilydd. I'r byd yma y maen nhw'n perthyn; dyma'u cartre nhw.

Os na fedrwn ni weld ein byd fel ein cartref, rydan ni yn y man yn mynd i edrych arno fel ein gelyn. Ac y mae 'na lawer sydd yn edrych ar y byd felly. Dyna'r agwedd a geir yn rhai o'r hen, hen hanesion am greu'r byd. Brwydr oedd y creu, ac yr oedd 'na ddau allu mawr yn rhyfela yn erbyn ei gilydd, duw drygioni a duw daioni. Fe drechwyd y drygionus gan y daionus, ond o gorff y drygionus y crewyd y byd. Felly, mae 'na rhyw elfen fygythiol a gelyniaethus yn perthyn i'r byd. Weithiau fe ddisgrifir yr elfen ddinistriol yma fel dyfroedd nerthol yn bygwth gorlifo'r byd; dro arall fe'i disgrifir fel anialwch crasboeth sy'n fygythiad i'r byd gwâr. Felly'r edrychai'r dyn cyntefig ar ei fyd; roedd o'n gorfod brwydro'n barhaus yn ei erbyn rhag iddo gael ei ddinistrio gan yr elfennau, y dyfroedd a'r glaw, yr anialwch a'r sychder. Darlun gwahanol sydd yn y Beibl. Mae'n wir iddo fenthyca rhai o'r hen ddarluniau a'i fod yn sôn am y dyfroedd yn rhuo ac yn terfysgu. Ond nid o allu drygionus a bygythiol y crewyd y byd. Duw a'i creodd, ac wrth orffen pob rhan o'i waith yn creu roedd yn gweld mai da oedd. Lle wedi ei baratoi i ddyn fyw ynddo ydi'r byd – lle i'w ddefnyddio er budd ac er lles. Cartref i ni ydi o, a chadarnhau'r teimlad yna y mae profiad y gofodwyr.

Yn y traddodiad Beiblaidd-Gristnogol mae 'na gwlwm annatod rhwng dyn a'r ddaear; ohoni y daeth ac iddi y mae'n dychwelyd. Dyma'r fam y ganwyd ef ohoni; dyma'r cartref y mae'n byw ynddo; dyma'r adnoddau y mae'n dibynnu'n llwyr arnyn nhw.

Wrth gwrs, y mae 'na duedd anffodus wedi bod i ysgaru dyn oddi wrth ei fyd. Pwysleisio a wneir mai materol ydi'r byd, ond bod dyn yn fod ysbrydol; caethiwed i ddyn ydi'r byd yma, ac y mae o'n disgwyl cael ei ryddhau i fyd arall, ysbrydol a gwahanol. A'r duedd ydi edrych ar y byd, nid fel cartref i fod yn gyfforddus ynddo, ond fel lle dieithr ac estron yr ydan ni'n dyheu am fynd allan ohono. Y mae'r Testament Newydd yn cyfeirio ato fel y byd drwg presennol, ac wedyn fe gawn yr Emyn hwn – 'Dyn dieithr ydwyf yma, Draw mae 'ngenedigol wlad'. Mae 'na ddigon o Emynau sy'n sôn am y byd fel anialwch, am ei greigiau geirwon, ac am gael dod i fyny o'r anialwch a chyrraedd i wledydd hyfryd gyda'u grawnsypiau a'u peraroglau. Y mae'n wir mai darluniau o bererindod bywyd dyn sydd mewn Emynau o'r fath. Ond un o'r canlyniadau trist oedd creu dau fyd – un i'w ddifrïo a'i ddilorni, a'r llall i'w ddeisyfu ac i ddyheu amdano.

Mae'n siwr gen i ein bod ni'n ddigon aeddfed erbyn hyn i sylweddoli na allwn ni ddim diystyru'r byd yma ac mai ffolineb mawr ydi peidio â dangos diddordeb mewn man sy'n gartref inni. Ynfydrwydd anghyfrifol ydi dweud 'tydi o ddim gwahan- iaeth os caiff yr hen fyd yma ei chwythu'n rhacs, mae gennym ni fel Cristnogion sicrwydd am fyd arall'. Nid lle i'w ddilorni mohono, ond cartref i'w ddiddosi a'i ddiogelu. Fel y dywedodd rhywun, 'Peth peryglus ydi bod yn arall-fydol; yr hyn sydd ei eisiau ydi bydolrwydd sanctaidd'. Ystyr 'bydolrwydd sanctaidd' ydi edrych ar y byd fel rhodd ddaionus oddi wrth Dduw, fel cartref a ymddiriedwyd inni. Wrth edrych i lawr y mae'r gofodwyr wedi ail-bwysleisio'r gwirionedd mai cartref ydi'r byd.

**2.** Y mae'r byd yn grwn. Rydan ni ers rhai canrifoedd bellach wedi symud oddi wrth ddarlun yr hen oes o ddaear fflat a chylch uwch ei phen hi, ac yr ydan ni'n hen gyfarwydd â'r darlun o fyd crwn. Roedd gweld y crynder yna'n rhywbeth gwefreiddiol, meddai'r gofodwyr. Meddai un ohonyn nhw, 'Mae'r byd yn berffaith grwn. Tydw i ddim yn meddwl imi ddeall ystyr y gair crwn nes imi weld y ddaear o'r gofod'.

Ynghlwm wrth y darlun yma o fyd crwn y mae'r syniad ollbwysig mai un byd ydi o, a hwnnw'n fyd lle'r ydan ni'n gorfod dibynnu ar ein gilydd. Ar ôl taith i fyny i'r gofod fe ddaru un Sheikh o Saudi Arabia grynhoi ei brofiad fel hyn:

'Am y diwrnod neu ddau cyntaf roeddan ni i gyd yn pwyntio at ein gwledydd ein hunain. Ar y trydydd a'r pedwerydd diwrnod roeddan ni'n pwyntio at ein cynfandiroedd ein hunain. Erbyn y pumed diwrnod y cyfan yr oeddan ni'n ei weld oedd *un* byd'.

Wrth fynd ymhellach oddi wrth y byd yr oeddan nhw'n sylweddoli ei grynder a'i gyfanrwydd, neu os mynnwch, ei gydlyniad a'i gyd-ddibyniaeth.

Mae hwn yn olwg ar y byd yr ydan ni'n tueddu i'w golli, gan ein bod ni byth a hefyd yn mynnu ei rannu a'i barselu. Felly y cawsom ni ein dysgu am y byd – mae 'na ddau hanner i'r cylch, un i'r gogledd o'r cyhydedd ac un i'r de. Mae 'na gyfandiroedd, pump ohonyn nhw; mae 'na foroedd yn gwahanu'r cyfandiroedd, gyda'r ochr yma a'r ochr draw i'r cefnforoedd mawr. A phan ewch chi i graffu ar y cyfandiroedd mae'n nhw'n gwlwm o wledydd gwahanol; mae'r bobl sydd yn y gwledydd yn wahanol, mae'n nhw'n wyn, yn ddu neu'n felyn ac y mae'r ieithoedd yn rhyfeddol ac yn annealladwy wahanol i'w gilydd. Wrth edrych arno o'r fan yma ei ddos-rannu yr ydan ni; wrth ei weld i fyny o'r fan acw, ei gyfanrwydd a welir. Un byd, crwn, cyfan ydi o.

Y mae'r bobl sydd wedi bod wrthi'n ceisio gwarchod y byd rhag llygredd a dinistr wedi dod i sylweddoli'r gwirionedd yma fwyfwy yn ystod y blynyddoedd diwethaf. Fe sylweddolwyd ein bod ni'n byw mor agos i'n gilydd ar y belen fach gron yma fel bod pethau sy'n digwydd yn un lle yn effeithio ar bawb. Fedrwch chi ddim cyfyngu na lleoli effeithiau ar yr hen belen fach yma. Nid rhywbeth yn perthyn i un lle ydi llygredd, oherwydd mae'r gwynt a'r elfennau yn ei gario i bob man; fel y gwyddom ni, fe ddaeth effeithiau Chernobyl mor bell â mynyddoedd Cymru. Fel yr ydan ni wedi gweld fwy nag unwaith, anodd iawn ydi rheoli'r olew sydd wedi ei ollwng i'r môr, gan fod y tonnau a'r teitiau'n ei gario ymhell. Mae twll bach yn yr haen ozone yn gallu effeithio'n drwm ar y byd islaw. Un byd ydi o.

Tydi hwn ddim yn syniad newydd i'r rhai sy'n gyfarwydd â'r datguddiad Cristnogol a beiblaidd. Nid yn dameidiau y creodd Duw y byd yn ôl llyfr Genesis – un weithred fawr greadigol oedd yn gyfrifol am y cyfan. Yn y weithred honno gosododd ddyfroedd yn eu lle a sychdir yn ei le, gan alw'r naill yn foroedd a'r llall yn ddaear, 'a gwelodd Duw fod hyn yn dda'. Gwelai llyfr Genesis grynder ac unoliaeth yn y byd o'r dechrau cyntaf un.

Yr un ydi'r weledigaeth o ddynoliaeth hefyd yn y Beibl. Un ydi'r ddynoliaeth, a ffordd syml y Beibl o egluro hynny ydi dweud ei bod hi'n un am mai o Adda y tarddodd hi i gyd. Fel y dywedodd Paul yn Athen, 'Gwnaeth ef o un gwaed bob cenedl o ddynion'. Yn ôl y Beibl Cymraeg Newydd, 'Gwnaeth ef o un dyn bob cenedl o ddynion'. Y mae undod sy'n seiliedig ar ein tarddiad o'r dyn cyntaf, Adda.

Beth bynnag a wnawn ni o'r hen hanesion yma yn llyfr Genesis, mae'n amlwg eu bod yn eu ffordd eu hunain yn pwysleisio undod y cread ac undod y ddynoliaeth. Wrth edrych i lawr ar y belen gron a alwn ni'n fyd, y mae'r gofodwyr wedi ail-ddarganfod y gwirionedd yma, ac heb amheuaeth, y mae'n wirionedd o'r pwys mwyaf.

**3.** Y mae'r byd yn gyfrifoldeb. O gymryd y ddau bwynt cyntaf, bod y byd yn gartref a'i fod yn fyd crwn,cyfan, daw'n gwbl amlwg fod gennym gyfrifoldeb tuag at y byd. Y mae pob un am warchod a diogelu ei gartref; y mae'r ystyriol yn gweld yr angen am gadw unoliaeth a chyfanrwydd y byd rhag i'r cyfan ymddatod a mynd yn rhanedig a gelyniaethus.

Y mae'r gofodwyr wedi cael rhyw olwg newydd ar y gwirionedd yma hefyd. Wrth edrych i lawr ar y belen fach las yma, sy'n edrych mor fychan ac mor unig yn y pellter, fe deimlodd y gofodwyr rhyw awydd i'w hamddiffyn fel crair sanctaidd. Wrth edrych ar y ddaear o'r lle'r ydan ni, mae hi'n ymddangos yn gadarn ac yn solet; y mae'n ymddangos yn barhaol. Ond wrth edrych i lawr arni o'r gofod, y mae'n ymddangos yn fach iawn ac yn fregus iawn; mae hi'n edrych mor fregus fel eich bod chi'n cael y teimlad, pe baech chi ond yn cyffwrdd â hi â'ch bys y byddai hi'n malu'n chwilfriw. Ac y mae hynny wedi magu teimlad o dynerwch tuag ati hi; mae 'na werthfawrogi newydd ar y ddaear a theimlad cryfach o gyfrifoldeb tuag ati hi. Ac wrth feddwl am y bobl sydd ar y ddaear yma, yr oedd y gofodwyr yn cael eu dal gan anesmwythyd; roedd ynddyn nhw awydd cryf i fod yn fwy caredig ac yn fwy amyneddgar tuag at ei thrigolion. Fel y dywedodd un ohonyn nhw:

'Fe aethom i fyny'n dechnegwyr; fe ddaethom i lawr yn ddyngarwyr'.

Tydi hwn ychwaith ddim yn wirionedd newydd; y mae o yna yn y Beibl o'r dechrau un. Wedi creu dyn yn ôl yr hanes fe ddaru Duw ei 'osod yng ngardd Eden, i'w thrin a'i chadw'. Yr oedd y tir yna i'w ddefnyddio, ond yr oedd yna hefyd i'w warchod. Yr oedd ar gael er budd a lles dyn, ond ar yr un pryd yr oedd yn rhaid ei ddiogelu. Ni ellid ei drin yn anghyfrifol, neu fe fyddai'r budd a'r lles yn darfod.

Ac y mae mwy a mwy o bobl yn dod i sylweddoli pwysigrwydd meithrin agwedd gyfrifol at y byd. Mae 'na fudiadau wedi cychwyn y blynyddoedd diwethaf gyda'r nod penodol o warchod y byd materol yr ydan ni'n byw ynddo fo; fel y mudiadau 'gwyrdd' y maen nhw'n cael eu 'nabod. A'r neges glir ydi bod yn rhaid atal agwedd annoeth ac anghyfrifol at y byd. Y dystiolaeth a roddir ydi bod yna afradloni ar gyfoeth y ddaear, a hynny'n gyflymach nag y gellir ei adnewyddu; mae 'na dynnu mwy nag y gellir ei roi'n ôl; mae 'na fentro mwy nag y gellir ei reoli. Mae'r ffordd y mae pobl yn defnyddio'r byd yn gallu troi'n berygl i bobl ac i'r byd. Amcan y mudiadau gwyrdd ydi ceisio creu sensitif-rwydd tuag at y byd. Mae'r stori'n hen gyfarwydd erbyn hyn: llygru'n digwydd wrth arbrofi gydag arfau niwcliar; diofalwch yn peri i afonydd a moroedd gael eu llygru; glaw asid yn difa fforestydd; chwistrellyddion a chemegolion mewn rhewgelloedd yn dinistrio'r haen ozone,a hynny'n effeithio ar y tywydd a'r tymheredd. Daeth diogelu'r amgylchedd yn bwnc canolog; mae'r hen belen fach mor fregus, a hawdd iawn ydi ei malu hi'n chwilfriw.

Eleni rydan ni'n dathlu canmlwyddiant geni William Jones, Tremadog. Yn un o'i gerddi mae o'n disgrifio Duw yn creu ei fyd ac yn ei droi i'w hynt; y mae'n gosod dyn yn fath o arglwydd ar y cyfan. Dyma ddiwedd y gerdd:

> 'Ond chwythodd hwn â'i feddwl p$\tilde{w}$l
> y sioe i gyd yn racs – y ffwl'.

Daeth y gofodwyr â ni'n ôl at hen wirionedd y Beibl – ymddiriedaeth ydi'r byd, yr hen belen fechan, ac y mae'n rhaid gwarchod yn gyfrifol, ac osgoi pob rhyfyg a ffolineb.

Gweld y byd o'r fan yma yr ydan ni. Ond mae'n werth mynd ar daith efo'r gofodwyr er mwyn gweld y byd o safbwynt gwahanol – edrych i lawr arno oddi ar gromen y ddaear, fel y dywedodd Eseia ers talwm. Dysgu o'r newydd hen wirioneddau a wnawn ni – dysgu bod y byd yn gartre, ei fod yn grwn a'i fod yn gyfrifoldeb.

✦　✦　✦

Emynau: 771 'Mae'r nefoedd faith uwchben'
790 'Arglwydd y gofod di-ben-draw'
29 'Moliannwn Di, O Arglwydd'
873 'Fy Arglwydd Dduw, daw im barchedig ofon'

Darlleniadau: Salm 8; Eseia 40: 12-26

Gweddi: *Ein Tad, fe ddiolchwn i Ti am gyfle fel hyn i'n cysylltu ein hunain â Thi. A phan gysylltwn ni â Thi, fe gysylltwn hefyd â'th ffordd Di o feddwl ac o weld. Yn dy oleuni Di yr ydan ni'n gweld goleuni; rydan ni'n cael ein goleuo a'n codi i ffordd ragorach o feddwl ac o ddeall.Fe wyddom ni'n iawn, ein Tad, ein bod ni angen hynny: mae'n meddyliau ni mor gul eu gorwelion ac mor gyfyng eu posibiliadau. Mae arnom ni angen cael ehangu ein meddyliau, oherwydd mae ein meddyliau ni yn gweithredu ar* rhyw un gwastad, y gwastad materol a daearol, ac y mae arnom ni angen cael ein codi i lefelau gwahanol a chael rhyw ddirnad-aeth o'r ysbrydol. Mae'n meddyliau ni mor farwaidd ac wedi eu dal yn yr un hen rigolau o hyd, ac y mae arnom ni angen cael ein bywiocáu, a chael ein tanio gan y newydd a'r mentrus.

Am ofyn yr ydan ni'n awr, ein Tad, am inni gael gweld y byd yr ydan ni'n byw ynddo fo yn dy oleuni Di. Fe hoffem ni allu wynebu'r byd materol yma gyda gweledigaeth a dealltwriaeth.

Rydan ni am ddiolch i Ti am fyd mor rhyfeddol i fyw ynddo fo. Fe ryfeddwn ni o hyd at ei brydferthwch; fe ryfeddwn at yr amrywiaeth di-ben-draw sydd ynddo fo; ac fe ryfeddwn at y cyfoeth di-derfyn o adnoddau sydd ynddo fo. Onibai am adnoddau'r hen fyd yma fe fyddai wedi darfod amdanom ni. Ohono fo y cawn ni fwyd a dillad; ohono fo y cawn ni'r defnyddiau i ddiddosi'n cartrefi. Mae'r defnyddiau crai sydd ynddo fo yn rhoi cyfle i ninnau yn ein tro greu; wrth eu defnyddio y cawn ni waith; adnoddau'r byd sy'n rhoi cyfle i ddychymyg a thalent ac yn rhoi lle i gelfyddyd ac artistri. Wrth wneud defnydd o'r pethau yma yr ydan ni'n gallu osgoi undonedd a gwall-gofrwydd, ac yn medru symud i gyfeiriad gwarineb a chyd-bwysedd. Am fyd sy'n rhoi cymaint o fudd ac o les, fe ddiolchwn i Ti, O Dduw.

Rydan ni am ddiolch hefyd am ein bod wedi ein rhoi mewn byd sy'n agor cymaint o bosibiliadau inni yn ein hymwneud â'n gilydd. Maddau inni, ein Tad, os ydan ni'n methu gweld hynny – os ydan ni'n troi a throsi efo'r gwahaniaethau, os ydan ni'n gwneud yn fawr o hyd o'r rhaniadau, os ydan ni'n mynnu pwysleisio'r pellter sydd rhyngom a'n gilydd yn y byd. Helpa ni, ein Tad, i weld ein hagosrwydd at ein gilydd, i weld y clymau sydd rhyngom ni, ac i weld cymaint yr ydan ni'n ei ddibynnu ar ein gilydd. Gad bod yr olwg a gawn ar ein byd yn olwg sy'n cyfannu, yn cyd-lynu ac yn cyd-gordio.

Fe sylweddolwn, ein Tad, fod edrych ar ein byd yn dy oleuni Di yn rhoi sialens newydd inni – sialens i weld posibiliadau newydd, a sialens i wynebu'n cyfrifoldeb o'r newydd. Gwared ni, ein Tad, rhag inni orffwys a chymryd pethau'n ganiataol, a gadael i'r byd a phopeth sydd ynddo gymryd eu cwrs. Gad inni sylweddoli mai gweithwyr wedi eu gosod mewn gwinllan ydym ni, a'n bod ni'n gyfrifol am y winllan. Gwarchodwyr wedi eu gosod dros stâd ydan ni, ac y mae'n rhaid inni wynebu ein goruchwyliaeth.

Agor ein llygaid yn awr inni allu gweld pethau yn dy oleuni Di. Yn Iesu Grist, Amen.

# 11
# ROCAMADOUR
## (1997)

Yn ystod yr haf fe gawsom ni gyfle i ymweld â phentre nodedig Rocamadour yn Ffrainc. Fel amryw o lefydd eraill yn ardal y Dordogne, y mae o'n bentre sydd fel pe'n tyfu allan o greigiau uwchben dyffryn; mae o'n union fel pe bai o'n glynu am ei einioes wrth y creigiau, ac yn wir wedi mynd yn rhan ohonyn nhw. Heblaw hynny, mae i'r pentre hanes hir sy'n ymestyn yn ôl i'r flwyddyn 1105, a byth er hynny mae o wedi bod yn gyrchfan i bererinion. Wrth borth y pentre mae 'na blac sy'n dweud mai pedair canolfan bwysig i bererinion oedd yn yr hen fyd – Jerwsalem, Rhufain, Santiago de Compostela yng ngogledd Sbaen a Rocamadour ym mherfeddion Ffrainc.

Gadewch imi ddisgrifio'r olygfa. Roeddan ni'n trafeilio yn y car, ac wedi dod dros ael bryn dyma weld yr olygfa ryfeddol yma o'n blaenau ni. Yna dyma ddisgyn yn sydyn i lawr gallt serth i waelod ddyffryn cul, a pharcio'r car ar lawr y dyffryn yn ymyl yr afon. Roedd ganddom ni ddewis wedyn – cymryd trên bach i fyny i'r pentre neu gerdded; cerdded fuo hi, a dringo'n raddol i fyny'r llechwedd a'r creigiau mawr yma'n crogi uwch ein pennau ni. Dyma gyrraedd i'r pentre ac i mewn trwy y porth; stryd gul hir oedd yno, a phorth arall yn ei phen draw hi. Doedd 'na ddim i'n cadw ni yn y fan honno, gan mai siopau prysur i ymwelwyr oedd ar hyd y stryd yma ar lawr isaf, ar ddec waelod y pentre. Felly dyma benderfynu mynd ymlaen, a dau ddewis eto; roedd 'na ferch ifanc yn daer iawn yn ceisio ein perswadio i gymryd lifft i fyny, ac yn ein rhybuddio bod 'na 216 o risiau i'w dringo i'r llawr nesaf. Dringo ar draed a wnaethom ni, ac ar ôl gwneud pob grisyn dyma gyrraedd i'r ail lawr, neu'r ail ddec. Yma yr oedd canolfan y pererinion – sgwâr bychan a chlwstwr o saith o gapeli o'i gwmpas o. Mae i bob capel ei hanes. Y mae'r brif eglwys, gyda chapel Sant Amadour yn y canol; yn ôl hen draddodiad nad oes neb yn ei dderbyn bellach, Sacheus yr efengylau – y dyn bach a ddringodd i ben coeden i weld Iesu – oedd Amadour. Y drws nesaf mae capel y forwyn Fair; uwch ben yr allor yno y mae cerfddelw dywyll – cwbl ddu, yn wir – o'r forwyn Fair yn dal y baban Iesu ar ei glin. Yn y sgwâr hefyd y mae bedd Sant Amadour. Wedi cael golwg yno, dyma symud ymlaen eto ac ar hyd llwybr troellog i fyny'r llechwedd nes dod i'r trydydd llawr, y drydedd ddec, ac yno roedd 'na gastell mawr oedd fel pe'n gwarchod dros y cyfan i gyd.

Fe allai rhywun ddweud llawer am hanes Rocamadour, ac am y pererindodau mawr a gynhaliwyd yno – un anferth yn 1428 ac eto yn 1546 a thua 15,000 yno yn 1666, ac am hanes cythryblus y lle, gyda sawl ymgais i'w ddinistrio ac ymdrechion wedyn i'w adfer a'i ail-adeiladu. Ond yn naturiol yr hyn oedd ar feddwl rhywun wrth ddringo o lawr i lawr ac o ris i ris oedd yr hen bererinion gynt a'r hyn oedd dod yno yn ei olygu iddyn nhw. Mae pererindota yn hen beth; yr oedd yr Iddewon gynt yn dod yn lluoedd i'r deml yn Jerwsalem deirgwaith y flwyddyn i gadw gŵyl; fe gofiwch i Iesu ddod yno'n ddeuddeg oed gyda'i rieni, ac yn ystod un o'r pererindodau mawr hynny y cafodd ei groeshoelio yn Jerwsalem.

Gofyn a wnawn ni: beth mae'r syniad yma o bererindod yn ei ddweud am y bywyd ysbrydol?

Daw'r testun inni o Salm 84, lle mae 'na sôn am y rhai gwynfydedig **a ffordd y pererinion yn eu calon**. O edrych ar y pererinion, fe gawn ni dri gair sydd yn eithriadol o bwysig yn y bywyd ysbrydol:

**1.** Edifeirwch. Pendraw pererindod oedd derbyn maddeuant a chael heddwch â Duw. I fynd yn ôl i Rocamadour am funud, mae yno 216 o risiau, a'r traddodiad ydi bod y pererinion yn eu dringo ar eu gliniau, a roeddan nhw'n aros ar bob gris i ddweud gair o weddi mewn ymostyngiad ac edifeirwch. I hynny yr oeddan nhw'n cyrchu o bedwar ban byd, yn dlawd a chyfoethog, yn iach ac afiach, i fynegi edifeirwch ac i geisio maddeuant.

Prin bod angen aros i bwysleisio mor hanfodol ydi'r teimlad o edifeirwch i'r bywyd ysbrydol – y profiad deublyg yma o droi oddi wrth ac o droi tuag at, profiad sy'n gymysg o deimladau negyddol o gasáu a ffieiddio ac o deimladau mwy positif o gael ein denu a'n tynnu at yr uwch a'r gwahanol. Fe wrandawn yn gyntaf ar un o broffwydi mawr yr Hen Destament, y proffwyd Eseciel, "Edifarhewch, a throwch oddi wrth eich holl gam-weddau . . . Trowch, trowch o'ch ffyrdd drwg". O droi o'r Hen Destament i'r Testament Newydd ac at ddechrau'r hyn a ddigwyddodd yng Ngalilea ddwy fil o flynyddoedd yn ôl, y mae'r cofnod yn darllen yn syml fel hyn, "Wedi i Ioan gael ei garcharu daeth Iesu i Galilea gan gyhoeddi Efengyl Duw a dweud, 'Y mae'r amser wedi ei gyflawni ac y mae teyrnas Dduw wedi dod yn agos. Edifarhewch a chredwch yr Efengyl'". Beth ynteu a ddywedai Iesu? Dau beth oedd ganddo: yn gyntaf, y mae'r byd yn hollol wahanol am fod Teyrnas Dduw wedi dyfod; ynddo fo'i hun yr oedd y Tragwyddol wedi meddiannu byd amser, ac y mae popeth bellach wedi newid ac yn wahanol; y mae hi'n sefyllfa gwbl newydd. Yn ail, allwch chi ddim aros yr un fath mewn sefyllfa sydd yn newydd a gwahanol. Felly, mae'n rhaid ichi droi, mae'n rhaid ichi newid; trowch o'ch ffyrdd eich hunain at ffyrdd Duw, codwch eich llygaid o'r ddaear at bethau uwch, newidiwch. Dyna ydi ystyr edifeirwch.

Rai blynyddoedd yn ôl fe gyhoeddwyd llyfryn bach diddorol, *Who is a Christian?* – pwy sydd Gristion? Tasg yr awdur oedd ceisio dweud yn syml beth mae bod yn Gristion yn ei olygu yn y sefyllfa sydd ohoni heddiw. Mae pethau'n wahanol i'r hyn oeddan nhw erstalwm. Tydi mwyafrif mawr y boblogaeth yn ein gwlad ddim yn mynychu capel nac eglwys; i drwch mawr y boblogaeth tydi sôn am Dduw neu Iesu Grist yn golygu dim byd o gwbl; ac yn sicr, mae geiriau diwinyddol fel 'edifeirwch' a 'maddeuant' yn ddieithr a di-ystyr. A'r dasg anodd ydi ceisio dweud wrth bobl fel yna beth mae bod yn Gristion yn ei olygu – dweud heb ddefnyddio iaith eglwysig, dweud heb ddefnyddio iaith dduwiol, dweud mewn iaith sydd heb fod yn ddiwinyddol. Ac ateb y llyfr bach yna oedd hwn: o'i roi o'n syml, syml, yr hyn ydi Cristnogaeth ydi'r ffordd yr ydych yn eich deall eich hunain; yr hyn ydio ydi'r persbectif sydd gennych chi wrth edrych arnoch chi'ch hunan ac wrth edrych ar fywyd.

A dyna, mae'n siwr gen i, ydi edifeirwch hefyd – mater o bersbectif, y ffordd 'rydan ni'n gweld ac yn deall pethau. Un peth yr ydan ni'n ei weld yn glir ydi nad ydi pethau ddim yn iawn, ac fel y dylan nhw fod; tydw i ddim yn iawn, tydw i ddim fel y dylwn i fod, mae 'na rywbeth mawr o'i le ar y ffordd yr ydw i wrthi'n trio byw. Peth arall yr ydan ni'n ei weld ydi bod yna well; rydan ni mewn sefyllfa newydd, lle mae'r gwell wedi ei ddangos, wedi ei roi ac o fewn ein cyrraedd ni. Yn syml, syml felly yr hyn ydi edifeirwch ydi dweud, 'Tydw i ddim yn iawn. Rydw i eisiau newid'.

O'i roi fel yna, mae edifeirwch yn edrych yn beth syml iawn. Ond dyma'r math o hunan-ddeoalltwriaeth sy'n gwbl angen-rheidiol yn y bywyd ysbrydol. Heb y profiad yma rydan ni'n *non-starters* yn y bywyd ysbrydol; heb weld y ddau beth yma rydan ni ar goll. Mae Williams yn sôn yn un o'i emynau am 'galon na all gynnig 'difarhau'; mae 'ffordd y pererinion' yn y galon yn golygu edifeirwch.

**2.** Dringo. Fel yr ydach chi'n sylweddoli, dringo fuo hi yn fy hanes i drwy'r dydd yn Rocamadour. Dringo'r llechwedd, a dringo'r 216 o risiau at y clwstwr eglwysi a dringo wedyn i fyny i'r castell. Mae hynny'n dweud rhywbeth pwysig iawn am y bywyd ysbrydol – nid bywyd statig, aros-yn-ei-unfan ydi o. Mae o bob amser yn fywyd o symud ac o dyfu. Pererinion oedd yn dwad i Rocamadour – pobl oedd wedi teithio o bell, wedi wynebu ffyrdd peryglus ac enbyd, ac ar ddiwedd y daith hirfaith honno'n gorfod dringo'r llechwedd a'r grisiau. A darlun addas iawn i ddisgrifio hanfod y bywyd ysbrydol ydi'r darlun o bererindota – o deithio ac o ddringo. Dyna sydd yn y Salm hefyd – roedd y rhai oedd â ffordd y pererinion yn eu calon ar daith – wedi teithio trwy ddyffryn Baca ar eu taith i Jerwsalem. Mae eisiau dweud a dweud wrth Gristnogion mai ar daith at y gwirionedd y maen nhw. Nid bywyd llonydd o gyrraedd ydi'r bywyd ysbrydol, ond bywyd aflonydd o ymestyn tuag at. Dal i dyfu a dringo yr ydan ni o hyd. Fel hyn y mae'r Apostol Paul yn rhoi'r mater, "Nid wyf yn ystyried fy mod wedi ei feddiannu . . . yr wyf yn cyflymu at y nod". Tydi o ddim wedi cyrraedd; symud i'r cyfeiriad y mae o. Wedi dod i ddiwedd un filltir yn y bywyd Cristnogol, mae 'na filltir arall yn agor o'n blaenau ni; wedi inni gyrraedd i ben y bryncyn yma, mae 'na fryniau draw o'n blaenau ni. Does 'na byth gau pen y mwdwl yn y bywyd Cristnogol.

Iaith sy'n sôn am ymestyn at yr uwch ac am ymgyrraedd ymhellach ymlaen o hyd ydi iaith yr Efengyl. Un o'r darluniau sydd i'w gael yn fynych yn y Testament Newydd ydi'r darlun o dyfiant. Mae 'na hau a phlannu, ac y mae disgwyl am dyfiant. Pan mae'r tyfiant wedi peidio, y mae'r pren wedi marw. Darlun arall a geir ydi'r darlun o adeilad; un o'r pethau cyntaf i'w sicrhau er mwyn cael adeilad da ydi sylfaen, a honno'n sylfaen gadarn a sicr. Ond does 'na ddim adeilad o gwbl os nad eir yn uwch na'r sylfaen. Y mae'r ddau ddarlun yma'n dweud rhyw-beth sy'n barhaol wir am y bywyd Cristnogol: unwaith y mae tyfiant wedi peidio, y mae'r pren yn farw; unwaith y mae'r codi wedi peidio, y mae wedi darfod am yr adeilad.

Does 'na ddim mwy llethol yn y bywyd Cristnogol na phobl sydd wedi cau pen y mwdwl – pobl yr ydach chi'n berffaith siwr bod y sylfaen iawn ganddyn nhw, ond nad oes 'na ddim adeiladu yn eu hanes nhw; does 'na ddim tyfu na symud. Rydw i dros y blynyddoedd wedi dod ar draws pobl ifanc sy'n honni'n gry a thalog bod y ffydd ddiffuant ganddyn nhw; does 'na ddim ffordd arall o weld pethau, mae'n nhw'n credu'n ddiffuant mai ganddyn nhw y mae'r unig ffordd; ac y maen nhw'n cau'r drws yn glep, heb adael lle i symud na thyfu. Rydw i wedi clywed pobl hŷn hefyd yn rhoi tro yn y clo, ac yn dweud, 'os oedd y ffordd yma'n ddigon da i 'nhad, siawns na wnaiff hi'r tro i minnau'.

Rai blynyddoedd yn ôl fe gyhoeddodd y Sgotyn John Baillie lyfryn bach yn disgrifio'r ffydd Gristnogol fel pererindod, *Invitation to Pilgrimage*. Ac y mae o'n dyfynnu darn bach o farddoniaeth sy'n sôn am ein systemau a'n fframwaith o feddwl, ac yn awgrymu mai pethau'n perthyn i gyfnod ydyn nhw, '*they have their day and cease to be*'. Goleuadau amherffaith ac anghyflawn ydyn nhw – '*They are but broken lights of Thee, and Thou, O Lord, art more than They*'. Mae'n rhaid symud ymlaen at gyflawnder; mae 'na ymhellach i fynd o hyd.

Flynyddoedd yn ôl fe fûm i'n gweld drama yn un o theatrau Llundain oedd yn disgrifio gwrthdaro ffyrnig rhwng dwy genhedlaeth. Y *Bible belt* yn y 'Merica oedd y cefndir; yr oedd y genhedlaeth hŷn yn fodlon ar bethau fel yr oeddan nhw, ac eisiau cadw pob peth heb newid, ond roedd y genhedlaeth iau eisiau symud ac eisiau newid. Roedd 'na foment drydanol yn y ddrama yna pan ddaeth tad a mab wyneb yn wyneb ar ganol y llwyfan. Fe ddywedodd y tad, yn bur chwyrn hefyd, wrth y mab, '*My son, you have moved away from the Truth*'. Ateb y mab oedd, '*No father, you have moved away by standing still*'. Mae'r gwirionedd ymlaen o hyd, rhaid symud ac ymestyn; os na wnawn hynny, y mae perygl inni ei golli. Rhaid tyfu, a dringo o hyd yn y bywyd ysbrydol.

**3.** Diogelwch. Awn yn ôl am funud i Rocamadour. Wedi cyrraedd yno, rydach chi'n dod i stryd gul a phorth cadarn ymhob pen iddi, ac yn uchel uwch eich pen mae'r castell, y gaer gydnerth sy'n gwarchod dros y cyfan. A'r hyn yr oeddwn i'n dychymygu fy mod yn ei glywed tra oeddwn yno oedd yr ochenaid fawr o ryddhad a roddai'r pererinion ar ôl cyrraedd. Ar ôl teithiau hir ac enbyd, ar ôl wynebu peryglon a threialon ar y daith, yr oedd yn ollyngdod mawr iddyn nhw ddod i mewn trwy'r porth dan gysgod y gaer i le diogel. Roedd y peryglon bellach ar ben a hwythau mewn diogelwch. Yn ddyfnach na hynny eto, yr oedd dringo'r grisiau, llefaru geiriau o edifeirwch a derbyn maddeuant oddi mewn i furiau'r Eglwys y mae'n sicr yn rhoi teimlad o dawelwch a thangnefedd iddyn nhw.

Y mae 'na un peth yn Rocamadour nad wyf hyd yn hyn wedi sôn amdano – y gloch wyrthiol yng nghapel y forwyn Fair. Y traddodiad ynglŷn â'r gloch ydi hyn: os byddai rhywun mewn perygl ar y môr, yn gweddïo ar y forwyn Fair ac yn tynghedu i wneud pererindod i Rocamadour, fe fyddai'r gloch yn canu ohoni ei hun yn y capel. O gadw cofnod manwl o'r dyddiad a'r amser y canodd y gloch, a holi'r pereinion oedd wedi dyfod i Rocamadour, fe gaed bod rhywun wedi ei arbed o berygl ar y môr bob tro roedd y gloch wedi canu ohoni ei hun. Wn i ddim beth a wnewch chi o ddraddodiad fel yna, ond mae'n werth cyfeirio ato yma am ei fod yn darlunio'r union elfen yma o ddiogelwch sydd ynglŷn â'r cysegr.

Fe gyfeirir ato'n fynych iawn yn Salm 84, Salm y Pererinion. Am y rhai y mae 'ffordd y pererinion yn eu calon' y dywedir 'Gwyn eu byd y gwŷr yr wyt ti'n noddfa iddynt'. Fe eir ymlaen wedyn i ddweud mai 'teml a tharian yw'r Arglwydd Dduw',

'Nid atal yr Arglwydd unrhyw ddaioni
oddi wrth y rhai sy'n rhodio'n gywir'.

Y mae'r syniad yma o ddiogelwch yn medru creu anhawster mawr i bobl. Ynghlwm wrtho y mae'r syniad o Dduw yn ymyrryd er mwyn gwarchod a diogelu ei bobl rhag unrhyw niwed. Yr hyn sy'n digwydd yw bod pobl yn credu wedyn, 'Os credaf i yn Nuw, fe fydd popeth yn iawn; mi fydda i yn olreit'. Ond yna, pan nad yw pethau yn iawn, a dim yn troi allan yn olreit, mae 'na ddryswch mawr a gofyn, 'Ble'r oedd Duw? Pam na wnaeth o rywbeth? Pam na ddaru o f'amddiffyn i?'

Tra oeddwn i ar wyliau yn y Dordogne, roeddwn i'n darllen nofel swmpus Susan Howatch, *Absolute Truths* – nofel sy'n disgrifio helyntion Esgob. Roedd ganddo fo broblemau personol ac emosiynol, ac yr oedd ganddo fo gruglwyth o broblemau proffesiynol gyda'i waith. Fel rhyw is-thema drwy'r nofel fe ddaw'r adnod yma o eiddo'r Apostol Paul, "ni a wyddom fod pob peth yn cydweithio er daioni i'r rhai sydd yn caru Duw". Pan mae'r esgob yn cael dihangfa yng nghanol ei dreialon – ac y mae o wedi bod yn eithriadol o lwcus ambell waith – y mae o â'i ddwylo i fyny yn gorfoleddu bod popeth yn cydweithio er daioni i'r rhai sydd yn caru Duw. Dro arall tydi pethau ddim cystal a tydyn nhw ddim yn gweithio mor hwylus, a'r adeg honno mae 'na fynd yn ôl at yr adnod a gofyn beth am ei hystyr hi. Os ydi hi'n iawn, ple'r oedd Duw? Ydio'n sicrhau daioni i'w bobl?

Gwrandewch ar yr adnod yn y cyfieithiad newydd, "gwyddom

fod Duw ym mhob peth, yn gweithio er daioni gyda'r rhai sy'n ei garu". Nid dweud a wneir bod Duw yna ymhob peth yn gofalu na chaiff ei bobl niwed a'i fod o'n gwneud i bethau droi allan yn iawn; dweud a wneir bod Duw yn gallu bod ymhob peth, beth bynnag sy'n digwydd, yn gweithio efo ni er daioni. Mae 'na bethau'n digwydd yn ein byd ni, mae 'na bethau'n digwydd i chi a fi mewn bywyd na fyddem ni ddim yn breuddwydio defnyddio'r gair 'daioni' ynglŷn â nhw. Y peth a ddywedir ydi bod Duw yn gallu bod yn y pethau yna i'n helpu ni i dynnu rhyw ddaioni allan ohonyn nhw. Beth bynnag sydd yn digwydd o'r tu allan, mae 'na ddiogelwch i'r 'gwir fi' o'r tu mewn. Gyda help Duw mae'r 'gwir fi' yn gallu tynnu daioni o beth bynnag sy'n digwydd.

Dyna yn y pendraw ydi hanfod y bywyd ysbrydol. Mae'n creu perthynas â Duw, ac y mae'r berthynas honno'n diogelu'r 'gwir fi' beth bynnag sy'n digwydd.

Dyna Rocamadour, ac wrth feddwl am y pererinion dyma'r geiriau mawr – edifeirwch, dringo, diogelwch. Maent yn eiddo i'r rhai y mae 'ffordd y pererinion yn eu calon'.

✦　✦　✦

Emynau:　487　'Pererin wyf mewn anial dir'
　　　　　542　'Gwael bererin wyf yn crwydro'
　　　　　802　'A fynno ddewrder gwir'
　　　　　809　'Os gwelir fi, bechadur'

Darllen:　Salm 84

Gweddi:　*Ein Tad, gofynnwn i Ti ein helpu y munudau yma wrth inni dy geisio Di. Ac fe wyddom mai dy **geisio** yr ydan ni o hyd. Er gwaethaf pob amheuaeth a phob dryswch, rydan ni'n dal i gredu rywsut dy fod Ti yna, a'i bod yn bosib i ni mewn rhyw ffordd neu'i gilydd deimlo dy fod Ti gyda ni.*

　　*Ac eto, ein Tad, mae'n rhaid inni gyfaddef nad ydan ni ddim yn siŵr iawn o'r pethau yma bob amser. Rydan ni newydd ddweud ein bod ni'n credu dy fod Ti yna, ond tydan ni ddim yn* siwr iawn beth mae hynny'n ei olygu; rydan ni ar adegau yn honni dy fod Ti gyda ni, ond 'rydan ni hefyd yn ei chael hi'n anodd iawn deall a dirmad peth felly. Rhyw geisio yr ydan ni – chwilio, ymbalfalu. Weithiau rydan ni'n teimlo'n gry ac yn sicr; dro arall rydan ni'n teimlo'n wan ac yn ansicr. Helpa ni trwy wasanaeth fel hwn̂ inni allu deall ychydig bach mwy, ac ar y diwedd i allu teimlo ein bod ni wedi dod ychydig bach yn nes.

Gad inni sylweddoli, ein Tad, bod dy gael Di yn golygu ein bod ni'n cael tudalen newydd, lân ac yn cael ail-gychwyn. Ac mae pob un ohonom ni yn falch o hynny. Mae 'na gymaint o bethau yn ein hanes ni y byddai'n dda iawn gennym ni pe na bai nhw erioed wedi digwydd; mae 'na bethau yr ydan ni'n edifar iawn amdanyn nhw; mae 'na bethau ynglŷn â ni'n hunain yr ydan ni'n eu casáu a'u ffieiddio. Pethau o'r golwg, yn y dirgel ydyn nhw, pethau nad oes neb ond ni yn gwybod amdanyn nhw. A phan ydan ni'n cofio amdanyn nhw, eisiau troi cefn arnyn nhw yr ydan ni, eisiau eu hanghofio a dechrau ar dudalen lân. Ac fe wyddom ni, ein Tad, fod dy gael Di yn rhoi'r gollyngdod yna inni, yn rhoi rhyddhad a thangnefedd.

Mae hynny'n golygu ein bod ni'n barod i wynebu her a sialens y newydd yma. Dyna sy'n digwydd pan wyt Ti'n ymwneud â ni – rwyt Ti'n ein newid ni, yn aflonyddu arnom ni, yn rhoi nod uwch inni ymestyn ato, yn rhoi rhywbeth pellach inni gyrraedd ato. Maddau inni, ein Tad, ein bod ni mor fodlon ein byd ac mor amharod i symud. Mae'n rhaid inni gyfaddef ei bod hi'n fwy cyfforddus o lawer os cawn ni aros yn yr hen rigolau; rydan ni'n teimlo'n saffach os cawn ni goleddu'r un hen syniadau ac ail-adrodd yr un hen eiriau. Ceisio ymguddio y tu ôl i bethau fel yna rydan ni er mwyn cael osgoi her y newydd a sialens y cyffrous a'r gwahanol; rydan ni'n cael ffordd i ddianc rhag yr alwad i symud ymlaen.

Fel rwyt Ti'n gweld, ein Tad, pobl wedi'n dal yn y canol ydan ni; rydan ni eisiau newid, ond eto'n amharod i wneud hynny; rydan ni eisiau sialens, ond eto'n amharod i'w hwynebu hi. Mae hynny'n gwasgu arnom ni ac yn ein llethu ni. Mae 'na bethau eraill yn gwasgu arnom ni hefyd – mae amgylchiadau'n aml yn drech na ni, mae argyfyngau yn ein goddiweddyd ni. Ac fe

*wyddom ni nad oes osgoi arnyn nhw. Ond fe wyddom ni hefyd
fod 'na rywbeth ynom ni sy'n gallu dal cysylltiad â Thi, a phan
mae'r cysylltiad hwnnw'n fyw fe wyddom ni nad oes ddinistrio
arno fo.*

*Gofynnwn i Ti'n awr oleuo ein tywyllwch a chryfhau ein ffydd.
Amen.*

# 12
# RWSIA
## (1998)

Roeddwn i'n bwrw golwg yn ddiweddar ar restr o lyfrau newydd eu cyhoeddi – roedd hi'n restr handi iawn hefyd gan ei bod yn rhoi disgrifiad go dda o gynnwys pob llyfr. Mi drawodd fy llygaid ar deitl a ymddangosai'n un diddorol iawn – *Russia Through Women's Eyes* – Rwsia trwy lygaid merched. Yn ôl y disgrifiad casgliad o draethodau yn disgrifio bywyd yn Rwsia yn y ganrif ddiwethaf sydd yn y llyfr, a phob un wedi ei ysgrifennu gan ferch. A bywyd tlawd a llwm iawn oedd hi yn Rwsia yn y ganrif ddiwethaf – dim ond 40% o'r boblogaeth oedd yn gallu darllen ac ysgrifennu, a llai na hynny mae'n siwr o blith y merched. Nid trawsdoriad o ferched Rwsia sydd felly yn disgrifio bywyd yn y llyfr yma – ond awduron a meddygon.

Ymdrech fawr oedd hi i ferch gael unrhyw fath o addysg; roedd rhai yn ymroi i'w hyfforddi eu hunain, ond i gael addysg o unrhyw safon roedd yn rhaid mynd i ffwrdd i ysgol breswyl, ac fe gafodd rhai o'r merched brofiadau brawychus yn y sefydliadau hynny. Roedd rhai o awduron y llyfr yma'n feddygon, ac yr oedd yn rhaid i ferch fod yn sgilgar os nad yn dwyllodrus er mwyn cael hyfforddiant meddyg, ac wedi cael hyfforddiant, doedd 'na ddim llawer o siawns i ferch gael gwaith fel meddyg; yr unig gyfle ar gael iddyn nhw oedd mynd i rai o'r dinasoedd mawr i weithio ymysg y tlodion. Ac y mae rhai ohonyn nhw yn y llyfr yma'n disgrifio anwybodaeth, dioddefaint ac ofergoel y merched tlawd oedd yn Rwsia yn y ganrif ddiwethaf.

Beth sydd a wnelo merched Rwsia yn y ganrif ddiwethaf â ni

yn y ganrif yma? Wrth feddwl am y darlun yma o Rwsia gan ferched, fe sylweddolais yn syth nad oes gennym ni'r un darlun o Iesu trwy lygaid merch. Wrth gwrs, mae 'na gyfeiriad at ferched trwy gydol ei weinidogaeth o; merched oedd wrth droed y groes, a merched ddaeth yn fore at y bedd ar y trydydd dydd. Ond eto, does dim gair ganddyn nhw yn y Testament Newydd; yr efengylau a'r epistolau a holl ddefnyddiau'r Testament Newydd – dynion sydd wedi ysgrifennu'r cyfan, a dim gair gan yr un ferch. Y mae'r rheswm yn amlwg: os oedd hi'n ddrwg ar y ferch yn Rwsia'r ganrif ddiwethaf, roedd hi'n llawer gwaeth ym Mhalesteina'r ganrif gyntaf. Doedd y ferch yn cael dim addysg ond yr hyn y gallai ei mam gyfrannu iddi gartref. Roedd bechgyn yn cael mynd i ysgol y synagog yn 6 oed ac yn dysgu darllen; yn y man fe gâi bachgen ddarllen o'r Gyfraith yng ngwasanaethau'r synagog. Ond doedd dim siawns i ferch. Fe wneid y gwahaniaeth rhyngddyn nhw'n hollol glir; yr oedd y gwŷr a'r bechgyn yn eistedd ar wahân yn y synagog, a dim ond nhw oedd yn cael cymryd rhan yn y gwasanaeth.

Oherwydd hynny, does gennym ni ddim syniad beth oedd gwragedd yn ei feddwl o Iesu, a sut yr oeddan nhw'n ei weld ac yn meddwl amdano. Yr hyn a wnawn ydi troi i efengyl Luc at hanes tair gwraig, a'r tair yn ddienw, ac fe weithiwn ni o chwith, tuag yn ôl trwy'r Efengyl. Fe edrychwn ni ar yr hyn a ddigwyddodd i'r tair, ac yna fe fyddwn yn ddigon di-gywilydd i geisio dyfalu, pe baen nhw wedi ysgrifennu, beth tybed fyddan nhw wedi ei ddweud am Iesu? Pe baen nhw wedi cael cyfle i roi gair ar bapur, beth tybed fyddai eu hargraff nhw ohono fo?

**1.** Hanes go drist sydd i'r wraig gyntaf (Luc 13: 10-17). Roedd hi'n wael ers deunaw mlynedd, a'i hafiechyd hi'n un digon blinderus. Yn ôl disgrifiad Luc ohoni roedd hi'n "wargam ac yn hollol analluog i sefyll yn syth". Roedd 'na rhyw stigma ynglŷn â'i hafiechyd hi; fe awgrymir i ddechrau ei bod "yng ngafael ysbryd oedd wedi bod yn ei gwanychu", ac yna yn nes ymlaen fe ddywedir iddi fod "yn rhwymau Satan" am ddeunaw mlynedd. Tydi hynny ddim yn dweud o angenrheidrwydd mai gwraig yn nwylo ysbryd cythreulig oedd hi, ond mae 'na awgrym efallai bod a wnelo cyflwr ei meddwl â chyflwr ei chorff hi; mae hynny'n digwydd weithiau – cyflwr y meddwl yn effeithio ar y ffordd y mae'r corff yn gweithio neu'n gwrthod gweithio. Roedd 'na felly agweddau seicolegol ar ei hafiechyd hi.

Mae'r ffordd y bu i Iesu ddelio â'r wraig yn cadarnhau hynny o bosibl. Y peth cyntaf a wnaeth oedd galw arni, a mae'n debyg bod hynny wedi rhoi jolt iawn iddi a'i thynnu allan, troi ei meddwl oddi wrthi ei hun at y sawl oedd yn galw arni. Fe gafodd hi fwy o ysgytwad efo'r hyn a ddigwyddodd wedyn; fe ddywedodd wrthi "yr wyt wedi dy waredu o'th wendid". Yna wedi iddo gyffwrdd â hi "ar unwaith ymunionodd drachefn". Does dim rhaid inni fynd i drafod ystyr y gwyrthiau a gyflawnodd Iesu,a does dim rhaid mynd ar ôl yr helynt a gododd arweinydd y synagog am i Iesu iacháu'r wraig ar y Saboth. Yr hyn yr ydan ni'n ceisio cael ato ydi'r argraff a adawodd Iesu ar y wraig yma, a cheisio dyfalu beth fyddai hi wedi ei ysgrifennu pe bai wedi cael cyfle i wneud hynny.

Mae'n siwr y byddai hi eisiau cynnig rhyw eglurhad pam ei bod hi yn y synagog o gwbl, Doedd mynd yno ddim yn hawdd iddi hi – hi, hen wreigan fach gam, yn cerdded yn ei dwbl, yn gwthio i mewn i ganol tyrfa o bobl. Efallai mai rhywbeth fel hyn y byddai hi wedi ei ysgrifennu: 'Roeddwn i wedi clywed cymaint o sôn amdano fo, a'r pethau roedd o'n eu gwneud i helpu pobl. A mi benderfynais y byddai'n rhaid imi gael ei weld, ac yn rhyw feddwl tybed a fuasai o'n medru gwneud rhywbeth bach i fy helpu i'. Pe buasai hi wedi sgrifennu geiriau fel yna, mi fyddai hi'n agos iawn i'w lle, oherwydd mae stori'r efengylau yn dweud bod "sôn amdano yn mynd trwy'r gymdogaeth".

Mi fyddai'r wraig wedyn eisiau cynnig rhyw esboniad pam bod Iesu wedi sylwi arni hi. Doedd hynny ychwaith ddim yn beth hawdd – hi, yn fyr ac yn fach am ei bod yn ei dwbl, ac yn y fan honno ynghanol tyrfa o bobl. Efallai mai rhywbeth fel hyn y byddai wedi ei ysgrifennu: 'Unwaith yr euthum i mewn yna, fedrwn i ddim tynnu fy llygaid oddi arno. Roedd 'na rywbeth yn gyfareddol ynddo fo – yn wir, roedd o'n drydanol. Roeddwn i'n cael fy hun yn syllu arno fo, ac yr oeddwn i wedi ymgolli yn llwyr ac yn dal i edrych'. Pe bai hi wedi ysgrifennu geiriau fel yna, fe fyddai hi eto yn llygaid ei lle, oherwydd mae edrychiad yn aml yn dweud y cwbl. 'Fyddai ddim yn rhaid iddi weiddi ar Iesu, na gwneud dim i alw sylw ati hi ei hun; mae edrychiad yn aml yn fwy huawdl na geiriau, ac fe fyddai Iesu wedi darllen y cyfan yn ei llygaid hi.

Wedyn mae'n siwr y byddai hi eisiau egluro pam y gwnaeth hi dderbyn yr hyn ddywedodd o ac ufuddhau a chodi'n syth. Efallai mai fel hyn y byddai hi'n 'sgrifennu: 'Roeddwn i wedi cael fy nal ganddo fo; unwaith yr oeddwn i mewn yn y fan yna, roeddwn i'n gyfan gwbl yn ei law o. Beth bynnag fyddai o'n ei ddweud wrtha i, mi fuaswn yn ei wneud; a phan ddywedodd o, mi wnes'.

Mae 'na un gair na fyddai'r wraig fach yma ddim wedi ei ddefnyddio; yn wir, mae'n amheus a fyddai hi'n gwybod y gair o gwbl, a'r gair ydi 'ffydd'. Ond dyna a'i tynnodd hi i'r synagog i ddechrau; dyna wnaeth iddi syllu ar Iesu ar ôl mynd i mewn yno; a dyna wnaeth iddi ufuddhau i Iesu pan siaradodd o efo hi. Ymhob dim a ddigwyddodd yma, y peth sylfaenol ydi 'ffydd'. Disgrifiad rhywun o 'ffydd' ydi, 'cred afresymol ym mhosibil-rwydd yr annhebygol'. Cydio'n dynn yn yr hyn sy'n edrych yn amhosibl y mae ffydd – cydio heb wybod, heb reswm, heb synnwyr; mentro cydio, mentro neidio y mae ffydd, ac y mae ffydd felly – hyd yn oed gronyn bach fel hedyn mwstard ohono – yn gallu goresgyn anawsterau.

**2.** Does 'na fawr o stori am yr ail wraig (Luc 11: 27-28). Does dim yn cael ei ddweud amdani hi na'i chefndir; 'wyddom ni ddim byd o'i hanes hi. Y cyfan a ddywedir ydi bod yna rhyw ddynes yn y dyrfa ddaru weiddi ar Iesu: "Gwyn eu byd y groth a'th gariodd di a'r bronnau a sugnaist". Wedi gweiddi'r geiriau hynny mae hi'n diflannu, a 'wyddom ni ddim oll amdani hi.

Beth a fedrwn ei ddweud am wraig fel yna a ddiflannodd o'r golwg i ganol y dyrfa? I geisio deall rhywfaint ar yr hyn a ddigwyddodd, y mae'n rhaid inni gymryd rhai pethau'n ganiataol. Fe gymrwn ni mai Iddewes gyffredin oedd y wraig, a'i bod hi felly'n gyfarwydd ag amgylchiadau'r bobl gyffredin, ac yn gyfarwydd hefyd â'u gobeithion a'u dyheadau. Roedd yr

Iddewon cyffredin wedi dioddef caledi ers tua dwy ganrif. Gwraidd hynny oedd y ffordd y gosodwyd tollau ar y bobl; y system oedd rhannu'r wlad yn rhanbarthau ac ardaloedd, ac yna gosod darn o wlad am rent i gasglwr trethi. Roedd y casglwyr yn cystadlu â'i gilydd am yr hawl i gasglu, ac yn gwthio'r rhenti'n uwch ac yn uwch; a'r bobl oedd yn gorfod talu oedd y bobl gyffredin. Roedd pob casglwr eisiau talu'r rhent, eisiau cyflog iddo'i hun am wneud hynny, ac eisiau elw dros ben yn ei boced, ac fe aeth y baich yn llethol ar y bobl gyffredin. Aeth y casglwyr trethi'n gyfoethocach, ond yr oedd y bobl gyffredin yn sigo dan y baich. Y canlyniad oedd gwrthdaro blin – fe gododd Jwdas Macabeus a'i frodyr mewn gwrthryfel. Ond dal yn debyg yr oedd pethau o dan y Rhufeiniaid.

Fe sylweddolodd y bobl gyffredin mai un siawns oedd iddyn nhw bellach – cael arweinydd newydd, cael gwaredydd ysbrydoledig, cael Meseia. Fe fu llawer o sôn ac o ddisgwyl am y Meseia. I rai brenin newydd yn Jerwsalem fyddai o, aer newydd o linach Dafydd, ac unwaith y deuai hwn i'r orsedd fe welid tro ar fyd. Dro arall roedd y disgwyl yn fwy delfrydol – y disgwyl yn cael ei wthio ymhellach ymlaen i'r dyfodol a'r Meseia'n berson mwy rhyfeddol a goruwchnaturiol. Beth bynnag am y gwahaniaethau, roedd 'na ddisgwyl am y Meseia.

Mae 'na hen destun Iddewig sy'n sôn am y disgwyl am y Meseia – yn disgrifio'r llawenydd mawr pan fyddai wedi cyrraedd, a phawb, meddir, yn ei gyfarch ac yn gweiddi, "Bendigedig yw'r groth a'th ddygodd". A dyma'r wraig ddi-enw yma yng nghanol y dyrfa yn defnyddio'r union eiriau yna i gyfarch Iesu. Dweud yr oedd hi mai Iesu oedd y Meseia; dyma ei ffordd hi o ddweud, 'Ti ydi o'.

Rhywbeth fel hyn fyddai hi'n ei 'sgrifennu: 'Roeddwn i wedi clywed sibrydion amdano fo. Roedd pawb yn sibrwd yn ddistaw wrth ei gilydd ar gongl y stryd, yn y gweithdai ac wrth ddod allan o'r Synagog, ac yn dweud "Mae o wedi cyrraedd. Mae'r Meseia yma". Ac fe benderfynais fynd i weld drosof fy hun; wedi ei weld o a'i glywed o, roeddwn i'n gwybod mai fo oedd o, ac mi waeddais i allan mewn gorfoledd'. Nid hi oedd yr unig un oedd yn gorfoleddu; roedd teimladau wedi cynhyrfu cymaint fel y bu'n rhaid i Iesu orchymyn i'w ddisgyblion "beidio â dweud wrth neb mai ef oedd y Meseia".

Gwraig wedi ei magu ar y disgwyliadau Iddewig oedd hon; roedd gobeithion ei phobl yn eirias yn ei chalon hi. A does yna ddim mor bwysig a phwerus â gobaith; dyna'r peth sy'n cynnal mewn adfyd, yn goleuo mewn tywyllwch, yn codi rhywun ar ei draed ymhob argyfwng ac yn ei yrru ymlaen. Dyma sy'n gwneud rhywun yn galonnog mewn sefyllfa sy'n enbyd. All rhywun ddim dychmygu sefyllfa waeth – mwy uffernol, a dweud y gwir – na rhywun wedi colli pob gobaith mewn bywyd, dim llygedyn o olau, a dim gobaith yn y byd. Yn ei weledigaeth o Uffern y mae'r bardd Dante yn rhoi'r ysgrifen sydd wedi ei hysgythru ar borth Uffern, ac ymhlith y pethau sydd wedi eu hysgrifennu yno, y mae'r geiriau yma a lefarir gan y porth ei hun:

'Trwof fi y mae'r ffordd i ymuno â'r colledigion . . . Chi sy'n dod i mewn, trowch gefn ar bob gobaith'.

Dyna ydi Uffern – rhywun heb obaith. Gwybod am obaith yr oedd y wraig anhysbys yma, a dyna a'i symbylodd i weiddi'r geiriau rhyfedd a waeddodd cyn diflannu.

**3.** Mae hanes y drydedd wraig yn hirach na'r lleill (Luc 7: 36-40, 44-48). Mae 'na hanesion tebyg mewn mannau eraill yn yr Efengylau. Fe ddaru Mair, chwaer Martha a Lasarus, eneinio traed Iesu a'u sychu â'i gwallt ychydig cyn ei groeshoelio, ond nid y Fair honno sydd yma. Y mae hen draddodiad yr eglwys a rhai o'r arlunwyr mawr yn awgrymu mai Mair Magdalen sydd yn yr hanes yma; bwrw allan saith o gythreuliaid a wnaeth Iesu o honno, ond does dim felly yn hanes y wraig yma.

Gwraig ddi-enw oedd hon, a'r cyfan a ddywedir amdani yw "gwraig o'r dref oedd bechadures". Y mae'n amlwg mai pechadures gyhoeddus, putain y dref oedd hon. A dyma hi, ar ôl deall bod Iesu'n cael pryd yn nhŷ Seimon y Pharisead, yn dod yno. Ac fel yr oedd Iesu'n lled-orwedd i fwyta, yn ôl arfer y dwyrain, dyma hi'n llithro i mewn y tu ôl iddo, yn gwlychu ei draed â'i dagrau ac yn eu sychu â'i gwallt. Gweithred fentrus iawn, a gweithred ddi-gywilydd iawn oedd gwneud peth felly, ac fe dynnodd y cyfan gryn sylw am fod y wraig yr hyn oedd hi.

Fe fyddai gan y wraig hon dipyn o waith ysgrifennu i egluro pam y gwnaeth hi beth mor feiddgar. Dweud dipyn o'i hanes y byddai hi: 'Roedd pawb yn y dre yn fy 'nabod i, a phawb yn y dre yn edrych i lawr arnaf i – yn gyhoeddus, beth bynnag, ond mi fyddai llawer ohonyn nhw'n sleifio ata'i liw nos. 'Dwn i ddim pam y dechreuais i ar y gêm, ond unwaith yr ydach chi wedi dechrau, mae hi'n anodd iawn rhoi'r gorau iddi; unwaith rydach chi wedi colli'ch enw da, mae hi'n anodd iawn ei gael yn ôl. Roeddwn i wedi meddwl lawer gwaith rhoi'r gorau iddi, ond rywsut fedrwn i ddim. Ac yna rhyw ddiwrnod mi glywais fod 'na ddyn ifanc newydd yn y gymdogaeth; roedd pawb yn heidio ar ei ôl, a phawb, mae'n amlwg, yn ei gael yn ddeniadol. A dyma fi'n meddwl – mae'n rhaid imi gael golwg ar hwn. Mi welais i o ac mi glywais i o, ac mi ddywedodd o rywbeth ddaru fy ysgwyd i – "i alw pechaduriaid, nid rhai cyfiawn, yr wyf fi wedi dod". Mi deimlais i rhyw ollyngdod a rhyddhad wrth wrando arno fo. A roedd yn rhaid i mi gael dangos fy ngwerthfawrogiad iddo fo'.

Fe awgrymwyd bod 'na air nad oedd y wraig gyntaf ddim yn ei wybod; roedd 'na air yr oedd hon yn ei wybod, ond na fyddai hi ddim yn dychmygu ei ddefnyddio am Iesu, a'r gair ydi 'cariad'. Roedd hon yn hen law ar garu – caru ar un lefel,dyna oedd hi wedi ei wneud erioed. Ond fyddai hi ddim yn defnyddio'r gair hwnnw am Iesu. Ond pan aeth Iesu ati i'w hamddiffyn hi, ac amddiffyn yr hyn a wnaeth hi, dyna'r gair a ddefnyddiodd o – "y mae ei phechodau, er cynifer ydynt, wedi eu maddau; oherwydd y mae ei chariad yn fawr. Yr hwn y mae ychydig wedi ei faddau iddo, ychydig yw ei gariad". Mae'n fath gwahanol o gariad – mae'n gariad ar lefel uwch; cariad sy'n ymateb i gariad Duw ydi o. Cariad sy'n golygu bod rhywun yn cael ei dderbyn fel y mae ydi o; ar lawer ystyr gwrthodedig oedd y ddynes yma, ond yr hyn a glywodd hi gan Iesu oedd ei bod yn cael ei derbyn gan Dduw ac fe wnaeth hynny'r holl wahaniaeth iddi hi. Peth arall a wnaeth cariad iddi hi oedd rhoi grym newydd yn ei bywyd hi – grym oedd yn mynd i droi ac i reoli popeth arall; grym sy'n symud ydi cariad. Mae 'na emosiwn ynddo fo; os edrychwn ni ar emynau Williams Pantycelyn ac Ann Griffiths fe welwn mor gry ydi'r emosiynau sydd mewn cariad. Rhyddhau emosiynau'r wraig yma a wnaeth cariad a'u cyfeirio at wrthrych newydd, a hynny bellach sy'n troi'r olwynion. Gwraig ddi-enw a brofodd gariad oedd hon.

Dyna'r tair ddi-enw. Y peth sy'n rhyfedd ydi bod y tair gwraig yma na wyddom ni ddim amdanyn nhw ar ganol llwybr yr Efengyl Gristnogol – un yn gwybod am ffydd, y llall am obaith a'r llall am gariad – 'y tri hyn' a gawsom yn y tair hon.

✦ ✦ ✦

Emynau: 114 'Mor beraidd i'r creddaun gwan'
779 'Tydi a wyddost, Iesu mawr'
187 'Gwyn a gwridog yw fy Arglwydd'
839 'Dyma gariad, pwy a'i traetha?'

Darlleniadau: Luc13: 10-17; 11: 27-28; 7: 36-40, 44-48

Gweddi: *Wrth inni geisio nesáu atat Ti yn awr, ein Tad, a cheisio meddwl amdanat Ti, rydan ni yn sylweddoli cymaint yr ydan ni'n ei ddibynnu ar bobl eraill. Ansicr a simsan yn aml ydi'n ffydd ni, ac yr ydan ni'n gorfod gwrando ar dystiolaeth pobl eraill. Annelwig a phŵl ydi'n gweledigaeth ni, ac yr ydan ni'n gorfod troi at bobl eraill sydd yn gweld pethau'n gliriach. Fel yna y mae hi o hyd arnom ni, ein Tad, – sefyll ar ysgwyddau rhywun arall er mwyn gweld yn well yr ydan ni o hyd.*

*Rydan ni'n diolch i Ti bod gennym ni gymaint o bobl yr ydan ni'n medru troi atyn nhw a dibynnu arnyn nhw. Diolch i Ti am y bobl a fu'n rhan o'r hanes, a fu'n byw trwy'r digwyddiadau, ac wedyn rhoi eu hargraffiadau ar gof a chadw a hynny er adeiladaeth i ni. Diolch i Ti am ryw bobl trwy'r canrifoedd sydd wedi cael y ddawn i weld pethau'n glir, ac yna wedi medru eu dweud nhw'n syml, yn drawiadol ac yn gofiadwy, ac wedi crisialu'r cwbl i ni. Diolch i Ti am ryw bobl ar hyd yr oesau sydd wedi cael y gallu i ddeall y dirgelion, i ddirnad pethau mawr, ac wedyn wedi rhoi rhyw olwg i ninnau ar ddyfnion bethau Duw. Rydan ni'n cydnabod ein dyled, ein Tad, i'r bobl yma.*

Rydan ni am ddiolch i Ti hefyd am fath gwahanol o bobl – pobl mwy distadl, llai cyhoeddus, ond eto sydd wedi rhoi tystiolaeth ddistaw a chyson, a thrwy hynny wedi cyfrannu'n rymus i'n bywydau ni. Mae 'na bobl yr ydan ni wedi eu 'nabod ac yn gwybod eu bod nhw'n bobl gadarn a rhyw ruddin yn perthyn iddyn nhw. Doeddan nhw ddim yn bobl llafar iawn, ond eto roeddan nhw'n bobl yr oeddan ni'n medru dibynnu arnyn nhw. Roeddan nhw'n bobl o gymeriad cry, yn bobl unplyg, yn bobl â gwaelod iddyn nhw. Yn raddol fe ddaethom i sylweddoli mai cyfrinach eu cymeriad a'u bywyd oedd eu bod nhw'n credu ynot Ti.

Mae 'na bobl yr ydan ni wedi eu nabod sydd wedi cael taith arw trwy fywyd. Maen nhw wedi cael eu curo'r ffordd yma a'r ffordd acw, ac eto maen nhw wedi cadw'n siriol ac yn g'lonnog. Rydan ni lawer tro wedi rhyfeddu at eu hysbryd nhw, ac wedi sylweddoli bod ganddyn nhw rywbeth oedd yn eu cynnal mewn adfyd, yn rhoi goleuni iddyn nhw mewn tywyllwch, yn eu codi ar eu traed ar ôl pob storm ac yn eu helpu i ddal ati er bod popeth yn eu herbyn. 'Tydyn nhw erioed wedi sôn am y peth, ond rydan ni'n gwybod yn iawn mai pobl ydyn nhw yr wyt Ti wedi bod yn ymwneud â nhw.

Mae 'na bobl heddiw sydd yn dal ati o hyd – pobl sydd â rhyw sêl yn eu gyrru ymlaen, pobl sy'n ffyddlon er pob oerni a difaterwch, pobl sydd yn dal yn frwdfrydig dros yr uchaf a'r gorau mewn bywyd. Er nad ydyn nhw wedi cyhoeddi hynny oddi ar bennau'r tai, rydan ni'n gwybod yn iawn mai dy gariad di sydd wedi eu meddiannu nhw.

Diolch i Ti, ein Tad, am yr holl bobl sydd wedi bod o help i ni – y rhai cyhoeddus a'r rhai distaw, y rhai amlwg a'r rhai distadl. Helpa ni y munudau yma i sefyll ar eu hysgwyddau hwy – inni allu gweld yn gliriach, inni gael deall yn well ac inni gael ein meddiannu gan yr Un oedd yn eu meddiannu nhw. Yn Iesu Grist, Amen.

# 13
# YNYS IONA
## (1998)

Llynedd fe aeth 200,000 o bobl i ymweld ag Ynys Iona ar arfordir gorllewin yr Alban. Roedd rhai, mae'n siwr, am weld bedd y cyn-arweinydd Llafur, John Smith – bedd o feini mawr anferthol. Roedd eraill am gofio am Sant Columba a laniodd ar yr Ynys dros bedwar cant ar ddeg o flynyddoedd yn ôl. Ac y mae'r llif mawr yma o ymwelwyr yn digwydd bob blwyddyn.

Y rhai ohonoch sydd wedi bod yno, fe gofiwch y daith hir tuag yno hyd yn oed ar ôl i chi gyrraedd i Oban bell. I ddechrau, cymryd y fferi drosodd i ynys Mull, ac yna taith ar draws yr ynys honno – y ffordd yn ymestyn yn herciog dros fawndir corsiog, a'r ymwelwyr yn croesi'n stribedi cyson. Yna cyrraedd at swnt Iona, a chwch i groesi eto i'r ynys ei hun. Ac unwaith yr ydach chi wedi cyrraedd yno, fe gewch y teimlad eich bod mewn lle sydd ymhell o bob man, a'ch bod chi ar gyrion pellaf bywyd.

Ynys o rhyw 3 milltir o hyd ydi Iona, a mae yno rhyw 90 o bobl yn byw ac yn llafurio ar eu tyddynnod bychain ac yn pysgota. Yr hyn sy'n rhoi hynodrwydd i'r lle ydi'r Abaty mawr sydd yn ein hwynebu wrth inni groesi'r swnt – a dyna gyrchfan y rhan fwyaf o'r ymwelwyr. Mynach o Iwerddon oedd Columba, ac fe groesodd y môr i Iona yn y flwyddyn 563 a sefydlu mynachlog ar yr ynys. O'r fynachlog honno y lledaenodd Crist-nogaeth trwy wledydd Prydain, a hynny cyn i Awstin Sant ddod â llif arall o Gaergaint yn y dwyrain. Mae hyn yn rhoi rhyw sail felly i'r ddadl bod yna hen Gristnogaeth Geltaidd yn y gwledydd yma cyn i'r llif o'r ochr arall ddod â dylanwad Rhufain i'w ganlyn.

Yr hyn sydd wedi dod ag Iona i amlygrwydd yn ein dyddiau ni ydi ymdrech fawr George McLeod, drigain mlynedd yn ôl, i ail-adeiladu'r lle. Gweinidog yn Govan yn Glasgow oedd George McLeod, ac yr oedd y dirwasgiad yn drwm yn yr ardal yn ystod y 30au. Fe gafodd McLeod weledigaeth wirioneddol lachar ac ysbrydoledig, sef dod â chrefftwyr di-waith o Govan i Iona i ail-godi'r hen Abaty, a dod â gweinidogion ifanc yno i weithio gyda'r crefftwyr fel labrwyr. Ei obaith oedd y byddai hynny'n gyfle i feithrin gwell dealltwriaeth rhwng gweinidogion ac aelodau lleyg, rhwng yr Eglwys a'r byd, rhwng crefydd a diwydiant. Byth er hynny mae pobl yn heidio i Iona.

Y cwestiwn mawr, wrth gwrs, ydi: pam bod pobl yn dod i Iona? Un ateb rhwydd ydi ei fod o'n lle bendigedig o braf; ond mae 'na lefydd llawn cyn brafiad yn nes atom ni. Ateb arall – braidd yn sinicaidd efallai – ydi bod ymweld ag Iona yn rhoi rhyw glogyn o grefyddolder ac ysbrydolrwydd i bobl dosbarth canol, a hwythau wedyn yn medru troi oddi yno'n teimlo'n fwy cyfforddus a diogel.

Ond mae 'na ateb arall dyfnach na'r rhain. Mae 'na yng nghalonnau pobl angen sydd eisiau ei ddiwallu, ymchwil sy'n dyheu am ateb, gwacter sy'n crefu am ei lenwi. Y mae'n amlwg hefyd bod pobl yn teimlo bod lle fel Iona yn cyfarfod â'r angen. Mae 'na rywbeth i'w gael yno sy'n llenwi'r gwacter ac yn ateb yr ymchwil. Mae pobl wedi teimlo erioed bod yna lefydd i droi iddyn nhw lle y mae nhw'n derbyn rhywbeth. Dyna pam bod y Beibl yn gwneud cymaint o'r cysegr, a dyna pam yr ydym ninnau yma mewn capel.

Fe gymerir dwy adnod yn destun – un o Salm 42: 2 – **Y mae fy enaid yn sychedu am Dduw, am y Duw byw; pa bryd y dof ac ymddangos ger ei fron?** A'r llall (Luc 5: 16) yn eiriau am Iesu – **Ond byddai ef yn encilio i'r mannau unig.** Y mae 'na gyfarfod â'r anghenion yma:

**1.** Angen am wreiddiau. Wrth drio egluro pam bod pobl yn heidio i Iona, fe gynigiodd Peter Millar, y warden presennol, y posibilrwydd bod pobl yn chwilio am wreiddiau – y gwreiddiau sydd i'w cael yn y cysegredig. Fe fyddech yn synnu, meddai

Millar, gymaint o bobl sy'n dod oddi ar y cwch ac yn dweud 'O'r diwedd 'rydw i adra'. A tydi llawer iawn ohonyn nhw ddim yn Albanwyr hyd yn oed! Mae rhai hyd yn oed yn cofleidio'r meini i ddangos eu llawenydd o fod wedi cyrraedd yno. Mae'n amlwg eu bod nhw wrth ddod yn teimlo eu bod nhw'n perthyn – eu bod nhw fel pe baen nhw wedi dod yn ôl at eu gwreiddiau, eu gwreiddiau ysbrydol.

Mae hi'n hawdd deall tynfa lle – lle sydd â chysylltiadau teuluol efallai, neu lle sydd wedi ei gysylltu â phrofiadau arbennig yn y gorffennol. Nid tynfa lle'n unig ydi o, ond yn aml iawn tynfa'n ôl at wreiddiau. Mae lle yn aml yn mynd yn rhan o'n cyfansoddiad ni. Dyna a deimlai T. H. Parry-Williams wrth sôn am foelni mynyddoedd Eryri:

> 'Ymwasgai henffurf y mynyddoedd hyn,
> nes mynd o'u moelni i mewn i'm hanfod i'.

Ar ddiwedd y daith, pan na fydd ond ychydig o'i ddefnydd ar ôl, fydd yno ddim 'ond amlinell lom y moelni maith'. Mae'r gwreiddiau yn sownd ynom ni.

Ond nid y lle'n unig sy'n bwysig pan ddown ni'r cysegr neu i rywle fel Iona. Symbol ydi'r lle o rywbeth arall sy'n fwy ac yn uwch. Arwydd ydio ein bod ni'n perthyn i ddimensiwn arall a bod gennym ni wreiddiau mewn rhyw drefn uwch. Wrth gwrs, mae'n gwreiddiau ni yma, a rydan ni wedi'n clymu wrth fannau arbennig yn y byd o'n cwmpas ni. Ond mae 'na rhyw elfennau ynddom ni sydd â'u gwreiddiau mewn byd ysbrydol; mae 'na agweddau arnoch chi a mi nad ydyn nhw ddim yn cael eu bodloni gan y drefn yma na chan y byd yma a maen nhw'n hiraethu o hyd am rywbeth uwch a gwahanol. Os na fyddan nhw'n cael eu bodloni a'u diwallu, mae 'na berygl iddyn nhw newynu a chrebachu. A chwilio am y gwreiddiau ysbrydol yna y mae rhai pobl wrth ddod i le fel Iona.

Mae'r peth yn cael ei fynegi'n rhagorol gan yr Apostol Paul. Lawer tro pan oedd o mewn argyfwng, roedd o'n atgoffa ei boenydwyr ei fod yn ddinesydd Rhufeinig – dinesydd o ddinas nid dinod. Fel dinesydd Rhufeinig, roedd ganddo ei statws, a'i hawliau hefyd. Ond er cymaint yr oedd o'n ymfalchïo yn y ddinasyddiaeth honno, roedd o'n cydnabod mai "yn y nefoedd y mae ein dinasyddiaeth ni". Roedd ganddo ddinasyddiaeth ddeublyg – un faterol ac un ysbrydol. A chreaduriaid fel yna ydan ni i gyd – rydan ni'n byw ar ddwy lefel, yr un faterol a'r un ysbrydol, yr un gyffredin a'r un uwch. Rydan ni'n gofalu diwallu'r anghenion materol, ac wrth ddod i Iona mae'r torfeydd yn cydnabod bod y llall hefyd angen ei diwallu. Pererindota mewn ymchwil am y gwreiddiau ysbrydol y maen nhw.

Mae sawl diwinydd cyfoes wedi pwysleisio hyn. Y mae'r byd materol, diwydiannol, y byd cystadleuol gyda'i nwyddau a'i ddeniadau, y byd lle mae popeth ar werth ac yn ceisio denu'n sylw, wedi ein bwrw i rhyw begwn eithaf lle'r ydan ni'n newynu am yr ysbrydol. Un o anghenion pennaf y dyn modern ydi'r angen am ddarganfod ei wreiddiau ysbrydol. Mae 'na ryw ddyfnder bod, rhyw waelod bod – ac yn y fan honno y mae'r gwreiddiau yma.

Yn un o'i weddïau y mae gan Awstin Sant eiriau fel hyn: 'Tydi a'm gwnaethost er dy fwyn dy hun, ac anniddig yw fy nghalon hyd oni orffwyso ynot Ti'. Mae 'na aflonyddwch a chwilio am y gwreiddiau ysbrydol.

> Fe'm ganwyd i lawenydd uwch
> Nag sy 'mhleserau'r llawr.

Ac fe dybia i mai chwilio am y gwreiddiau yma y mae pobl o hyd.

**2.** Angen am hafan. Rheswm arall y mae Peter Millar yn ei gynnig am y tyrru i Ynys Iona ydi bod pobl eisiau llonydd, eisiau cyfle i gael eu gwynt atynt, eisiau rhyw hafan dawel i gilio iddi dros dro o ganol stormydd byw. Y mae'n lle sydd yn cynnig y cyfle yma i encilio am sbel fechan ar y daith.

Mae yna rhyw adlais o'r peth yma yn y ddau destun a gymrwyd. Disgrifio'r profiad o fod yn ddarostyngedig y mae'r Salmydd; y mae'n rhodio mewn galar, ac y mae wedi ei ddarostwng gan y gelyn; y mae'r profiad o ddioddef gwawd a dirmyg pobl o'i gwmpas yn gwneud iddo deimlo'n union fel pe bai rhywun yn dryllio'i esgyrn. Yr hyn y mae o ei angen ydi llonydd a thawelwch, ac y mae o'n dyheu am hynny yn union fel y mae ewig yn sychedu am ddyfroedd rhedegog. Dyna'n union oedd profiad Iesu hefyd wrth i'w weinidogaeth brysuro; roedd y torfeydd yn cynyddu ac yn gwasgu arno, a roedd eu hanghenion yn tolli ei nerth a'i ysbryd; yr un pryd roedd o'n ymwybodol hefyd bod y cilwgu'n cynyddu a'r gwrthwynebiad yn crynhoi. Felly, meddai Luc, 'byddai ef yn encilio i'r mannau unig'. Câi lonydd am ennyd mewn hafan.

Yr un peth, meddai Peter Millar, sy'n denu pobl i Iona. Ar y wyneb y mae'r bywyd modern yn ymddangos yn hawdd a chyfforddus. Ond bywyd yn llawn cystadleuaeth ydi o, bywyd o grafangio am gael ac am fwy, bywyd sydd yn ofnadwy o arwynebol a bâs. Y mae'r math yna o fywyd yn lladd yr ysbryd ac yn dihoeni'r enaid, ac y mae 'na chwilio am ddihangfa – am hafan dros dro i gael adfywio ac adnewyddu. Dyna oedd rhan o weledigaeth George McLeod am Iona – lle i bobl oedd ynghanol tlodi a diweithdra a'r tensiynau oedd ar rai o'r stadau yn Govan i ddod am gyfnod i adennill nerth ar gyfer ymdrech fawr byw.

Wrth sôn am anhwylderau'r dyn modern y gair a glywir o hyd ac o hyd ydi'r gair *'stress'* – pobl yn plygu ac yn nychu o dan bwysau o bob math. Un o'r rhesymau am y pwysau ydi bod fframwaith draddodiadol cymdeithas yn chwalu. Fframwaith oedd yn seiliedig ar bwysigrwydd y teulu oedd hi. Roedd hi'n gymdeithas sefydlog, a phlant yn cael eu magu o fewn cylch teulu oedd yn cynnwys teidiau a neiniau, ewythrod a modrabedd, a'r rheini'n cynnal y rhiaint wrth iddyn nhw fagu eu plant. Erbyn hyn fe chwalodd y patrwm; aeth teuluoedd yn unedau bach sengl, ac fe gynyddodd y pwysau, ac yn amlach na pheidio bron mae'r uned yn chwalu dan y straen a'r ffrâm yn cael ei dinistrio.

Mae'r sefyllfa yn y gwaith wedyn yn newid ac wedi mynd yn gwbl seciwlar. Mae'n siwr gen i bod gor-ramantu wedi digwydd wrth ddisgrifio cymdogaeth dda ac awyrgylch diwylliannol yr hen weithfeydd. Ond heb amheuaeth, mae'r awyrgylch wedi newid a'r hen gymdeithas wedi diflannu. Mae'r Eglwys Gristnogol ers cenhedlaeth neu ddwy wedi colli'r gweithiwr ac wedi mynd yn gymdeithas dosbarth canol. Aeth yr awyrgylch mewn gwaith yn galed, yn gystadleuol, yn faterol. A phan ddaw pwysau, mae'r gweithiwr wedi colli cymorth a chynhaliaeth ac y mae'n cracio dan y straen.

Dyna ddau o'r rhesymau am y 'stress'; mae 'na amryw o rai eraill mae'n siwr. Gair gweddol newydd ydi o. Mae gen i fynegair o ddyfyniadau y byddai'n troi iddo fo bob tro y byddai'n cyfansoddi pregeth; ac fe edrychais yn ei gefn o dan y gair 'stress' – a 'doedd o ddim yno o gwbl. Beth bynnag am hynny, mae o'n rhywbeth cwbl rïal, ac y mae pobl yn chwilio am hafan.

**3.** Angen am ddolen. Y weledigaeth y tu ôl i ail-adeiladu'r Abaty yn Iona oedd bod yn rhaid cael dolen rhwng materol ac ysbrydol. Fe welodd George McLeod symbol o hynny yn yr ynys ei hun; yma, yn ei farn o, roedd y llen yn eithriadol o denau rhwng nefoedd a daear. Mae'n hafan,mae'n wir; ond lle i encilio iddo dros dro ydi'r hafan; am ennyd yr eir yno, ac wedyn mae'n rhaid mynd yn ôl i ganol gerwinder byw. Mae aelodau cymuned Iona yn gweithio allan yn y byd – y rhan amlaf mewn ardaloedd tlawd a di-freintiedig, ac am dro byr yn unig y don nhw'n ôl i Iona. Trwy hyn y mae 'na ymgais i ddolennu rhwng gweddi a gwaith, rhwng ysbrydol a materol, rhwng yr Eglwys a diwydiant.

Dyna'n union a wnâi Iesu hefyd; fe ddeuai'n ei ôl o'r mannau unig i ganol prysurdeb byw; deuai i lawr o'r mynydd i wynebu'r problemau wrth ei droed; fe ddeuai o'r hafan i ganol y storm.

Y perygl o hyd ydi colli'r ddolen-gyswllt yna. Nid ydym i feddwl am encilio fel dihangfa oddi wrth, nac fel lle sy'n mynd i roi inni dawelwch cydwybod a chyfforddusrwydd; lle i atgyfnerthu ar gyfer gwaith a sialens ydi o. Felly y dylem ni feddwl am bob encilio, boed hynny i le braf fel Iona, neu i oedfa ar y Sul – cyfle i adennill nerth ar gyfer yr ymdrech ydi o. Ac y mae'n rhaid dolennu cyswllt rhwng yr encil a'r 'llym herfeiddiol fyd'.

Mae 'na fwy nag un ffordd o gysylltu deufyd. Un ffordd ydi trwy *ddweud*. Mae'n rhaid cyhoeddi'r ffordd newydd a'r drefn newydd – dweud bod y chwyldro wedi cychwyn ac wedi cyrraedd. Dyna neges yr ecsodus yn yr Hen Destament a neges y Pasg yn y Testament Newydd. Ffordd arall ydi trwy *wneud*; rhaid troi'r chwyldro'n wasanaeth. Y mae'n golygu ein bod yn chwarae ein rhan yn y gwaith o iacháu cymdeithas a'i gwneud yn gyfan unwaith eto. Lle mae angen, yno mae'r Eglwys yn rhoi ei gwasanaeth. A thrwy'r cyfan, rydan ni i ddangos – dangos trwy chwalu pob clawdd terfyn a dileu pob awydd afiach i wahanu ac i rannu, dangos trwy gynnig cymdeithas i bawb yn ddi-wahaniaeth.

Dyna rai o'r ffyrdd. Os na fedrwn ni gerdded y llwybr yna does gennym ni ddim gobaith dolennu. Cyfaddefiad gwirioneddol drist ydi'r un a glywn ni'n rhy fynych o lawer – 'Mae crefydd yn amherthnasol. Beth ydi'r diben? Tydi hi'n golygu dim oll i ni ynghanol ymdrech byw. Un peth ydi crefydd, peth arall ydi byw yn y byd, a does na ddim cyswllt o gwbl rhyngddyn nhw'. Ein hatgoffa y mae Ynys Iona bod modd dolennu cyswllt.

Fe ddywedodd Dietrich Bonöffer am Dduw – 'Ef yw'r Tu-hwnt yng nghanol bywyd', a dyna glymu'r ddau beth. Ar sail hynny fe aeth ymlaen a dweud nad ar gyrion bywyd y mae lle'r Eglwys ond yng nghanol y pentref. Mae'r clymu yna'n gwbl angenrheidiol.

Dyna Iona – lle eithriadol o braf, ond lle hefyd sydd yn ein hatgoffa bod modd diwallu rhai o'n anghenion dyfnaf – ein hangen am wreiddiau, am hafan ac am ddolen.

✦ ✦ ✦

Emynau: 798 'Cenwch i'r Arglwydd'
773 'Yn wylaidd plygu wnawn'
467 'Ar fôr tymhestlog teithio'r wyf'
211 'Arglwydd Iesu, arwain f'enaid'

Darllen: Salmau 18: 1-6, 16, 19, 31-33, 46-49; 42: 1-5

Gweddi: *Ein Tad, diolch i Ti am y cyfle yma i lonyddu ac i ymdawelu. Wrth ddod yma, does gennym ni ddim ond gobeithio ein bod wedi dod am y rhesymau iawn. Rydan ni'n ofni nad ydi hynny ddim yn digwydd bob tro'r ydan ni'n dod yma. Rydan ni'n dod weithiau am ein bod ni wedi arfer dod – grym arferiad yn ein* tynnu ni yma. Rydan ni'n dod dro arall efallai am ein bod ni eisiau cefnogi – yn gweld pethau'n anodd ac yn wan, ac yn meddwl y dylem ni ddangos ein hochr a rhoi tipyn o gefnogaeth. Gad inni sylweddoli nad yr un o'r pethau yna ddylai ein tynnu ni yma, ond yn hytrach y teimlad o angen, ac y mae pob un ohonom ni mewn angen.

Mae 'na ryw bethau ynom ni fel unigolion nad ydyn nhw ddim yn cael eu diwallu y tu allan i le fel hwn. Tydi prysurdeb bywyd a'r holl weithgareddau yr ydan ni ynglŷn â nhw ddim yn cyfarfod â'n holl angen ni. Tydi cyfforddusrwydd byw, a'r holl bethau sydd gennym ni i hwyluso ac i ddifyrru'n taith ni trwy'r byd, ddim yn cyfarfod â phob angen ychwaith. Tydi cyfeill-garwch gan eraill, a'r holl gymorth a chefnogaeth yr ydan ni'n ei gael gan bobl o'n cwmpas ni, ddim yn cyfarfod â'n holl anghenion ni.

Mae 'na ryw angen dyfnach nad ydi'r pethau yna efo'i gilydd ddim yn medru ei gyfarfod. Mae 'na chwilio nad oes ateb iddo fo; mae 'na wacter nad oes dim llenwi arno fo; mae 'na newyn nad oes dim tawelu arno fo. Ac fe wyddom ni ynom ni ein hunain, ein Tad, mai chwilio amdanat Ti yr ydan ni; newyn enaid amdanat Ti sydd yn ein blino ac yn ein cnoi.

Wedi dod felly'r ydan ni i gydnabod ein hangen a gofyn i Ti ein diwallu ni. Ond gad inni sylweddoli hefyd nad diwedd y daith ydi dod yma. Gwared ni, ein Tad, rhag inni fodloni ar ddod a chydnabod ein hangen fel hyn, ac wedyn teimlo'n dawel ein cydwybod ac ymfalchïo ein bod wedi gwneud ein dyletswydd. Dod yma er mwyn mynd oddi yma'n wahanol yr ydan ni – dod yma i chwilio am nerth, am adnewyddiad ysbryd, am symbyliad ac am gyfeiriad newydd. Ac mae'n rhaid inni gyfaddef, ein Tad, mai methu gweld hynny yr ydan ni'n aml. Rydan ni'n meddwl am ymweliad â man addoli fel diben ynddo'i hun a'n bod ni wedi gorffen ar ôl dod yma.

Gad inni weld felly mai cychwyn ydi dod yma. Mynd oddi yma at waith yr ydan ni, a rydan ni'n gofyn i Ti ein helpu ni i weld hynny. Yn un peth mae gennym ni waith rhannu; beth bynnag ydan ni'n ei gael yma, mae o'n beth yr ydan ni am ei rannu â phobl eraill. Mae gennym ni waith mawr rhoi i bobl eraill trwy *wasanaethu; ac fe wyddom fod arnom ni angen help i wasanaethu'n fywiog, yn greadigol ac i bwrpas yn ein cymdeithas. Gofyn yr ydan ni felly, a wnei Di ein helpu ni i glymu'r cyfan wrth ei gilydd – ein gweddi a'n gwaith, ein haddoli a'n byw. Yn Iesu Grist, Amen.*

# 14
# AMSTERDAM
## (1999)

Beth amser yn ôl fe gawsom ni gyfle i fynd draw i Amsterdam ac i weld yno oriel yr arlunydd enwog Vincent van Gogh. Profiad gwefreiddiol oedd sefyll yn y fan honno o flaen rhai o'r lluniau enwog a beintiodd o.

Mae'n rhaid cymryd munud neu ddau i ddweud ychydig am van Gogh. Roedd o'n gymeriad cymhleth iawn ac fe gafodd fywyd helbulus a thymhestlog cyn iddo fo'i hun yn y diwedd ddod â'r cyfan i ben pan oedd o'n ddim ond 38 oed. Mab i weinidog Protestannaidd yn yr Iseldiroedd oedd o, ac fe feddyliodd yntau am fynd yn weinidog fel ei dad. Fe fu am tua dwy flynedd yn Llundain yn dysgu Saesneg, ac yna fe aeth i'r Brifysgol yn Amsterdam i astudio diwinyddiaeth. Blwyddyn fu hyd ei gwrs yno, gan iddo fel llawer o'i flaen ac ar ei ôl, gael i'r ieithoedd, Lladin a Groeg, fynd yn drech nag o. Fe aeth am gyfnod wedyn i goleg ym Mrwsel i'w hyfforddi ei hun i fod yn efengylydd. Fe fu am gyfnod byr yn gweithio fel efengylydd ym mysg y glowyr, ac yn ceisio ymgeleddu'r tlawd a'r anghenus. Ond yn rhyfedd iawn fe gafodd y sac o'r fan honno am fod yn orfrwdfrydig. Ei ofal am yr anghenus a'i harweiniodd at y cam nesaf, sef cymryd putain a'i phlant o dan ei adain. Byr fu'r trefniant hwnnw hefyd, ac fe'i cawn yn y man yn Ffrainc ac yn Paris yn ymroi i arlunio. Fe ddywedodd ef ei hun beth fel hyn – "mae 'na rhywbeth yna i – beth all o fod?" Beth bynnag oedd o, 'chafodd o mo'i fynegi trwy grefydd, ond fe gafodd trwy ddarluniau.

O edrych ar ei waith, fe gawn fod ganddo ddiddordeb mawr yn y bobl gyffredin – y bobl y mae o'n eu galw yn werin. Y rhain sydd yn ei luniau – y nyddwyr, y cneifwyr, y rhai sy'n hau a medi, merched sy'n gweithio, y postman, a'r werin yn bwyta tatw. Fe ddangoswyd un llun enwog iawn yn Llundain yn ddiweddar – llun o esgidiau treuliedig gweithiwr. Yn y math yna o bobl yr oedd ei ddiddordeb, gyda hwy y teimlai'n gartrefol, ac nid gyda phobl o ddiwylliant gwahanol.

Mae'r ddau beth yma – ei dynfa at grefydd a'i ddiddordeb yn y bobl o'i gwmpas – yn y llun yr ydw i am sôn amdano. Tydi o ddim yn un o'i luniau enwocaf, a tydio ddim yn un o'r rhai mwyaf; y teitl o dano ydi 'Atgyfodiad Lasarus'. Dyna'r stori o'r Beibl, a'r hyn y mae van Gogh wedi ei wneud ydi rhoi wynebau pobl oedd o'i gwmpas i'r cymeriadau. Nid arlunydd sydd yma'n ceisio meddwl sut bobl y gallai'r rhain fod ac yn gorfod tynnu ar ei ddychymyg. Ond arlunydd yn defnyddio wynebau pobl go iawn – rhai yr oedd o'n eu 'nabod.

Mae'r darlun yn dweud llawer am gyfeillion Iesu. Nid rhyw bobl o gyfnodau pell yn ôl ydi cyfeillion Iesu, ond pobl sydd o'n cwmpas ni, yn ein hymyl, pobl yr ydan ni'n eu 'nabod – yn union fel yr oedd van Gogh yn 'nabod y rhain. Pobl rïal ydi cyfeillion Iesu. Pobl wahanol iawn i'w gilydd ydyn nhw hefyd. Mae 'na duedd weithiau i greu model – pobl sy'n credu'r union 'run fath, yn dweud yr un peth, yn defnyddio'r un geiriau ac yn ffitio i'r un patrwm byw. Ac os nad ydi wyneb rhywun yn cyd-fynd â'r model, y mae o allan a tydio ddim yn un o gyfeillion Iesu. Does 'na ddim lle i wahaniaethu. Yr hyn y mae darlun van Gogh yn ei ddweud ydi mai pobl wahanol iawn i'w gilydd ydi cyfeillion Iesu; mae'r wynebau'n wahanol ac y mae'r amgylchiadau'n wahanol.

Mae 'na dri ohonyn nhw yn y darlun – **Yn awr yr oedd Iesu'n caru Martha a'i chwaer a Lasarus** (Ioan 11: 5).

Y gyntaf yw **Martha, dynes y gwneud**. Yn ôl darlun y Testament Newydd dynes brysur iawn oedd Martha – roedd hi wrthi'n gweini ac yn gwasanaethu; dynes oedd yn hoffi tendio oedd Martha. 'Roedd hi dipyn bach yn flin wrth Mair weithiau am ei bod hi'n eistedd yn y tŷ a heb roi help iddi. Fel y dywedodd Iesu amdani, "yr oedd yn pryderu ac yn trafferthu am lawer o bethau". Ond eto hi ydi'r gyntaf o'r tri i gael ei henwi. A phan ddaeth Iesu ar ôl marw Lasarus, hi aeth allan i'w gyfarfod, a hi a wnaeth y gyffes fawr honno "'Rwyf yn credu mai ti yw'r Meseia, mab Duw". Dyna Martha – dynes ymarferol, dynes y gwneud.

A phan aeth van Gogh ati i beintio'i lun wyneb gwraig ymarferol iawn a roddodd i Martha. Yng nghanol ei helyntion a'i anawsterau roedd 'na un teulu wedi bod yn hynod o garedig wrth yr arlunydd, sef teulu'r postman. Mae ganddo lun mawr enwog o'r postman yn ei lifrai las, a llun arall ohono fo a'i wraig a'i blant. Fe fu gwraig y postman, Madam Roulin, yn garedig dros ben wrtho fo -yn edrych ar ei ôl, yn ei ymgeleddu ac yn ei fwydo. Dynes ymarferol oedd hi, a wyneb Madam Roulin a roddodd o i Martha. Mae'r bobl ymarferol, garedig, wasanaethgar ymhlith cyfeillion Iesu.

Fe welwn dro ar ôl tro fod Iesu a'i ddilynwyr yn rhoi pwyslais mawr ar y gwneud. "Nid pawb sy'n dweud wrthyf 'Arglwydd, Arglwydd' fydd yn mynd i mewn i deyrnas nefoedd ond y sawl sy'n gwneud ewyllys fy Nhad yr hwn sydd yn y nefoedd". Tydi'r cyffesu ynddo'i hun ddim yn ddigon, rhaid wrth y gweithredu ymarferol. Rhaid edrych am y ffrwythau; y rheini yw'r prawf yn y diwedd. Mae dilynwyr Iesu yn y Testament Newydd yn sôn byth a hefyd am ffrwythau'r ysbryd, a'r agweddau ymarferol ar y bywyd Cristnogol yw'r rheini.

Un o'r pethau y mae rhywun yn gorfod ei ddysgu mewn byd seciwlar di-Dduw ydi na allwn ni ddim cyfyngu gweithgarwch Duw oddi mewn i derfynau'r cyrff crefyddol yma. Does gennym ni ddim monopoli ar y gwirionedd dwyfol. Fe all Duw fod yn gweithio trwy bobl nad ydyn nhw yn honni dim – yn honni cred yn Nuw nac yn honni bod yn Gristnogion. Fe all anffyddwyr a hiwmanistiaid fod yn nes at ddysgeidiaeth yr Efengyl am ddyn a'i botensial na llawer o ffyddloniaid rhai o'r sectau ymylol sy'n dwyn yr enw 'Cristnogol'. Mae 'na rywbeth yn chwithig yn y syniad yma bod Duw gennym ni a'n bod ni'n mynd allan ac yn ei gynnig i bobl allan yn y fan acw; efallai bod Duw yna'n barod a bod Crist ar waith mewn pobl ddi-Dduw a'i fod efallai yn dweud rhywbeth wrthym ni trwyddyn nhw.

Wedi ysgrifennu'r geiriau yna, fe welais hanes cyfweliad mewn papur newydd – cyfweliad â gwraig ifanc, mam i dri o blant. Pan oedd hi'n cario'r trydydd plentyn fe fuo hi trwy uffern; roedd pob un prawf yn dweud y byddai'r plentyn bach yn cael ei eni gyda nam difrifol arno fo. Mynd ymlaen a wnaeth hi, a thrwy rhyw ryfedd wyrth fe anwyd y plentyn bach yn berffaith. Ar ôl ei phrofiad dyma oedd gan y wraig ifanc i'w ddweud: 'does gen i ddim credo grefyddol. Rydw i'n trio byw'n foesol; mae'n debyg fy mod i'n byw yn agos iawn at yr hyn y byddai rhai pobl yn ei alw'n Gristnogol. Ond does gen i ddim credo grefyddol'. Beth tybed fyddech chi'n ei ddweud wrth y wraig yna, a llawer arall tebyg iddi? A fyddech chi'n barod i ddweud: 'Tydi dy wyneb di ddim yn ffitio. Dwyt ti ddim 'run fath â'r model. Rwyt ti allan; does gen ti ddim siawns'. Cyn dweud hynny, mae'n rhaid inni gofio bod pobl y gwneud yn y darlun ; mae Martha yna ac mae Madam Roulin yna.

Yr ail ydi **Mair, dynes y gwrando**. Dau beth sy'n cael eu dweud am Mair yn yr Efengylau. Y cyntaf ydi – "eisteddodd hi wrth draed yr Arglwydd a gwrando ar ei air". Yr ail ydi ei bod hi wedi eneinio traed Iesu a'u sychu â gwallt ei phen; yn ôl Iesu ei hun roedd hi wedi cadw'r ddefod ar gyfer dydd ei gladdedigaeth. Dynes yn gwrando, ac am ei bod hi wedi gwrando'n astud ac yn feddylgar, roedd hi yna'n barod ar gyfer dydd yr argyfwng mawr.

Fe roddodd van Gogh wyneb i Mair hefyd. Cyfeiriwyd yn barod at ei fywyd helbulus. Dioddef pyliau mawr o iselder ysbryd ac o anhwylder meddwl yr oedd o, ac ar adegau felly fe fyddai'n cilio i'r seilam yn St Rémy. Yno roedd o'n teimlo'n ddiogel ac yn cael tangnefedd. A thra'r oedd o yno fe fu'n siarad am gyfnodau gyda Madam Ginoux, gwraig ceidwad y seilam, ac un, yn ôl pob tebyg, oedd wedi bod yn dioddef o'r un anhwylder ei hunan. Ac y mae'n amlwg i'w sgyrsiau efo'r wraig yma fod o help mawr iddo fo. Yn un o'i lythyrau at ei frawd mae o'n dweud hyn amdani:

'Rydw i wedi bod yn siarad rai gweithiau efo hi...ac mae hi wedi dweud wrtha i nad ydi hi ddim yn meddwl fy mod i'n sâl. Pe baet ti'n fy ngweld i'n peintio rwân, mi fyddet ti'n cytuno – mae fy meddwl i mor glir a'm bysedd i mor ystwyth'.

Gwraig oedd wedi gwrando oedd Madam Ginoux, ac wedi gwrando'n ddeallus; ac fel Mair, roedd hithau wedi gallu gwneud rhywbeth o help.

Y mae pob un sydd wedi wynebu anhawster mawr ac wedi ei fwrw i argyfwng yn gwybod mor werthfawr ydi gweinidogaeth y gwrando. Y peth olaf y mae rhywun ei eisiau ydi rhywun sy'n siarad, siarad bob munud ac yn methu gwrando. Llawer mwy o gymorth yn aml ydi rhywun sydd jyst yna, un yr ydach chi'n teimlo ei fod yn barod i wrando, ei fod yn deall, ar yr un donfedd, ac yna yn medru dweud rhywbeth bach sydd o gymorth. Wendell Holmes a ddywedodd mai "rhagorfraint doethineb ydi gwrando". Gwendid Harri IV yn ôl Shakespeare oedd ei fod o'n methu gwrando – "It is the disease of not listening . . . that I am troubled with" – y clefyd o fethu gwrando. Mi ddaru J. B. Phillips, y gŵr a wnaeth y cyfieithiad bywiog hwnnw o rai o lyfrau'r Testament Newydd, sôn am dasg pregethwyr ac awduron. Ar un olwg y dasg ydi dweud, cyhoeddi, mynegi. Ond na, meddai Phillips, cyn gwneud dim rhaid deall sut y mae pobl yn meddwl ac yn teimlo. Ac i wneud hynny, rhaid gwrando. Dim ond ar ôl gwrando y daw'r gair yn danchwa effeithiol.

Gwrando sy'n datgelu'r angen; a hynny sy'n arwain at y gair priodol a'r gweithredu iawn. Mae'r gair cynnil, tawel efallai, – ond y gair priodol sy'n taro'r tant iawn, ar yr amser iawn – yn gallu cynorthwyo a chynnal. Un felly oedd Job cyn iddo gael ei daro, yn ôl un o'i gyfeillion:

> 'buost yn cynghori llawer,
> ac yn nerthu'r llesg eu dwylo;
> cynhaliodd dy eiriau y rhai sigledig
> a chadarnhau'r gliniau gwan' (Job 4: 3-4).

Pan mae rhywun wedi gwrando, ac wedi ei uniaethu ei hun â'r un sydd mewn angen, y mae'n gallu taro'r tant cywir, a dweud rhywbeth sy'n codi ac yn cynnal. Dyna gyfrinach Mair, yr un ddaru wrando a bod yn barod ar gyfer yr argyfwng; dyna gyfrinach Madam Ginoux, ddaru wrando a dweud rhywbeth ddaru helpu'r arlunydd gwael.

Gweinidogaeth werthfawr ydi hon; tydi'r bobl yma ddim o angenrheidrwydd yn huawdl a tydyn nhw ddim yn proffesu pethau mawr. Ond maen nhw yna yn gwrando, ac wedi gwrando yn medru helpu. Mae'r rhain – Mair a Madam Ginoux – pobl y gwrando yn y darlun.

Y trydydd ydi **Lasarus, y dyn a gododd**. Dyna fel y cyfeirir at Lasarus yn yr Efengyl – "Lasarus . . . y dyn yr oedd wedi ei godi oddi wrth y meirw". Does dim rhaid inni fynd ar ôl y problemau sy'n codi yn hanes Lasarus ; y mae 'na wahaniaeth rhwng geiriau Iesu, "y mae ein cyfaill Lasarus yn huno", a'r disgrifiad ohono wedyn yn codi, "ei draed a'i ddwylo wedi eu rhwymo â llieiniau". Y mae 'na'r anhawster wedyn mai dim ond efengyl Ioan sy'n cofnodi'r hanes; efengyl sy'n llawn darluniau a symbolau ydi efengyl Ioan, gan gynnwys yr ymadrodd "Myfi yw bara'r bywyd". Beth bynnag am yr anawsterau, y thema fawr ydi adfywiad – y bywyd newydd sydd yng Nghrist.

Fe roddodd van Gogh wyneb i Lasarus hefyd – yn ôl yr arbenigwyr, ei wyneb ef ei hun. Ymhob llun a dynnodd van Gogh ohono'i hun, y mae'n ŵr gyda wyneb pigfain a barf goch. A dyna sydd gan Lasarus. Yr hyn y mae'r arlunydd yn ei wneud ydi cysylltu atgyfodiad Lasarus â'r adfywiad a brofodd ef ei hun. Fe soniwyd am ei afiechyd, ond ar ôl cyfnod o ymneilltuo a chael llonydd a heddwch fe fyddai'n cael adnewyddiad ysbryd, ac yna fe fyddai'n ail-gydio yn ei beintio gydag ynni a brwdfrydedd mawr. Codi i fyny, adnewyddu, adfywio – dyna'r geiriau sy'n berthnasol yma. A'r darlun oedd yn cyfleu'r profiad yna i van Gogh oedd y darlun o atgyfodiad; dyna pam y mae'n rhoi ei wyneb ei hun i Lasarus.

Pobl felly ydi'r bobl sydd o gwmpas Iesu; maen nhw wedi profi'r adnewyddiad ysbryd yma. Y mae gan Paul Tillich bregeth fawr ar y pwnc yma – *The New Being* – y greadigaeth newydd. Neges ganolog y ffydd Gristnogol ydi cyhoeddi bod yna yng Nghrist drefn newydd; y profiad Cristnogol sylfaenol ydi'r profiad o adnewyddiad ac o ddod yn greadigaeth newydd. A dyma ydi'r cwestiwn pwysig i bob un ohonom: a ydym yn rhan o'r drefn newydd? a ydym wedi profi rhywfaint o'r adnewyddiad ysbryd ac o'r codi i fyny sy'n digwydd yng Nghrist? Mae Cristnogaeth yn fwy na chrefydd; neges am fywyd newydd ydi hi. A dyna ydi'n gwaith ni a dyna ydi'n nod ni – gwneud pobl yn greadigaethau newydd yng Nghrist. Dyma'r unig beth sy'n cyfri yn y pendraw: "os yw dyn yng Nghrist, y mae'n greadigaeth newydd; aeth yr hen heibio, y mae'r newydd yma". Nid dileu'r hen y mae'r newydd, ond ei ail-greu, ei ail-wampio, sef gwneud creadigaeth newydd ohono. Y mae'r hen wedi ei lygru, wedi ei gamystumio, wedi ei rwygo; ond y mae'r newydd wedi ei godi i lefel uwch o fywyd ac y mae'n perthyn i drefn newydd. A'r gair i ddisgrifio'r hyn sy'n digwydd ydi 'atgyfodi'. Nid rhywbeth i ddigwydd rhyw ddydd a ddaw ydi atgyfodiad; felly yr oedd Martha yn meddwl amdano – rhywbeth oedd i ddigwydd adeg yr atgyfodiad "ar y dydd olaf". Ond na, meddai Iesu, "myfi yw'r atgyfodiad a'r bywyd". Y mae'n digwydd yma'n awr pan mae rhywun yng Nghrist; lle mae'r greadigaeth newydd yng Nghrist, yno y mae atgyfodiad.

Y dyn a gododd sydd yng nghanol y darlun. 'Atgyfodiad Lasarus' ydi'r teitl. Mae'r lleill yma ac o fewn cylch cyfeillion Iesu; mae Martha, dynes y gwneud yma ac mae Mair, dynes y gwrando yma. Ond yr un sydd yng nghanol y darlun ydi Lasarus, y dyn a gododd. Y profiad Cristnogol sylfaenol ydi cael bywyd newydd yng Nghrist.

✦   ✦   ✦

Emynau:  139  'Dy enw Di, mor hynod yw'
         783  'Myfi, na fydd yn deilwng byth'
         877  'O'r fath newid rhyfeddol a wnaed ynof fi'
         298  'O'r nef mi glywais newydd'

Darllen: Ioan 11: 1-27

Gweddi: *Ein Tad, fe ddiolchwn i Ti am inni gael cyfle fel hwn i ddod at ein gilydd, ac am inni hefyd fel cynulleidfa o bobl gael troi efo'n gilydd atat Ti. Mae 'na lawer o bethau sydd yn ein clymu ni wrth ein gilydd – rydan ni'n gymdogion i'n gilydd, 'rydan ni'n gyfeillion, mae gennym ni'r un consyrn am y pethau sy'n cyfrif mewn bywyd, ac yr ydan ni i gyd yma'n arddel yr un Arglwydd a'r un Meistr.*

*Ond eto, ein Tad, er yr holl bethau sy'n ein clymu ni wrth ein gilydd, yr ydan ni i gyd yn wahanol iawn i'n gilydd. Nid yr un ydi'n hamgylchiadau ni, ac nid yr un ydi'n anghenion ni ychwaith. Mae 'na rai yn ein plith ni, ac yn ein cymdogaeth ni, yr ydan ni'n gwybod yn iawn beth ydi eu hanghenion nhw; y mae eu hamgylchiadau nhw mor gyfarwydd ac mor amlwg inni fel ein bod ni'n gwybod yn iawn beth ydi'r angen. Ond mae 'na eraill ohonom ni – mae'n hangen ni'r un mor fawr, ond tydi o ddim mor amlwg; rydan ni'n cael ein poeni efallai gan rhyw drafferthion cudd a chan rhyw anawsterau o'r golwg nad oes neb arall yn gwybod amdanyn nhw. Efallai ein bod ni mewn dygn angen am weledigaeth ac arweiniad; efallai ein bod ni mewn gwir angen am nerth a chymorth; efallai ein bod ni mewn angen mawr am rywbeth i'n codi ac i'n cynnal ni.*

*Fe wyddost Ti, ein Tad, er mor wahanol i'n gilydd ydan ni bod yna rai pethau yr ydan ni i gyd yn ddi-wahaniaeth mewn angen amdanyn nhw. Yn un peth mae arnom ni angen cael agor ein llygaid i weld – i weld beth sy'n iawn, beth sy'n werthfawr, beth sy'n drysor mewn gwirionedd mewn bywyd. Mae 'na gymaint o bethau'n ein dallu ni ac yn amharu ar ein golygon ni. Pethau sâl ac isel, darfodedig, simsan a dros-dro ydyn nhw, ac maen nhw'n tynnu ein llygaid ni'r ffordd yma a'r ffordd acw ac yn gwneud inni golli golwg ar y pethau dyrchafedig a sefydlog. Mae arnom ni angen rhywbeth i glirio ac i sefydlu'n golygon ni, rhag inni droi i'r dde na'r aswy.*

*Fe wyddost Ti, ein Tad, fod arnom ni i gyd angen help i wneud ac i weithredu. Pobl sy'n methu o hyd ac o hyd ydan ni. Rydan ni'n gwybod yn iawn beth ddylem ni ei wneud ac yr ydan ni'n* gwybod pa lwybr y dylem ni fod yn ei gerdded, ond rydan ni'n cael ein hunain yn rhy wan i wneud ac yn rhy gloff i gerdded. Mae gweithredu fel arall mor hawdd ac yn dwad mor rhwydd, ac yn rhy aml o lawer y mae o mor bleserus. A dweud y gwir, ein Tad, does gennym ni mo'r ewyllys na'r penderfyniad i wneud yr hyn a ddylem ni.

Mewn gwirionedd, cydnabod yr ydan ni, ein Tad, ein bod ni i gyd angen ein codi – ein codi i lefel uwch o fywyd. Mae 'na bosibiliadau newydd a photensial uwch yn perthyn i bob un ohonom ni. Mae 'na ryddhad i'w gael oddi wrth y pethau sy'n ein cadw i lawr ac yn ein dal yn ôl. O ganol y llygredd, a'r gwyrdroi a'r rhwygo sy'n ein blino ni o hyd ac yn dihoeni'n bywydau ni, rydan ni'n gofyn am gael ein gwaredu, a thrwy dy ras cael ein hail-greu a dod yn greadigaethau newydd yng Nghrist. Fe wyddost Ti, ein Tad, ein bod ni yng ngwraidd ein bod yn crefu am y bywyd newydd yna.

Gwrando ni, ein Tad; os gweli'n dda, a wnei Di yn dy ras a'th gariad mawr ddiwallu pob angen sydd arnom ni. Yn Iesu Grist, Amen.

# 15

# YNYS MÔN

## (1999)

Wrth groesi un o'r ddwy bont o'r ochr draw i'r ochr yma, mae 'na fwrdd amryliw, disglair yn estyn 'Croeso i Ynys Môn' – nid i Fôn, sylwch, ond i *Ynys* Môn. Mae'r fersiwn Saesneg, gyda'i groeso i'r 'Isle of Anglesey' wedi mynd dros ben llestri; gan mai 'ynys Onkl' ydi ystyr 'Anglesey', tipyn o fwngleriaith ydi sôn am 'Isle of Anglesey' – ynys, ynys Onkle. Ond 'ta waeth am hynny, ar ynys yr ydach chi ar ôl croesi'r pontydd a chyrraedd yma; a phan ddaw'r 'Steddfod i Fôn, fel y mae hi wedi dwad dair gwaith o fewn fy nghof i, dyma'r unig droeon y cynhelir hi ar ynys.

Ynys yng nghanol ynysoedd ydi Ynys Môn; o'i chwmpas hi mae 'na lawer o ynysoedd llai – ynys Seiriol, ynys Llanddwyn, ynys Cybi, ynys Arw, ynys Lawd ac ynysoedd y Moelrhoniaid, i enwi rhai ohonyn nhw. Pan oedd y 'Steddfod yma yn '83, fel hyn y daru'r arlunydd Kyffin Williams – Syr Kyffin erbyn hyn – ddisgrifio Môn:

> "Lle bynnag y boch ym Môn, gellwch ymuniaethu â'i harfordir. Dim ond o un plwyf, rwy'n meddwl, y mae hi'n amhosibl gweld y môr . . ."

Fe aeth ymlaen wedyn i sôn am blwyfi sydd yng nghanol y tir – plwyfi tirglwm – ac meddai:

> "gellir gweld, gyda'r nos, strimyn cul o aur . . . machlud ar y môr. Yn ddiogel y tu mewn i'w ffiniau pendant, triga'r Monwysion mewn bodlonrwydd ynysig hapus".

Does ryfedd i'r beirdd ganu clodydd Môn fel 'ynys':

"Ac euraid wyt bob goror,
Arglwyddes a meistres môr".

Ac eto:

"Ynys deg a llais y don – yn hwian
Yn awel ei gwerddon".

Y mae neges y gwasanaeth yma'r bore 'ma yn troi o gwmpas y darlun o 'ynys'. Fe wnaeth Hywel Edwards, Trefnydd yr Eisteddfod, gymwynas fawr â mi yn ôl ym mis Tachwedd, pan ysgrifennodd o ynglŷn â'r gwasanaeth yma a gofyn imi gyflwyno 'neges' – 'neges' ac nid 'pregeth'. Does dim rhaid imi felly gael testun o'r Beibl. Mae'r neges yn gwbl syml – sef dweud mor bwysig ydi hi i bob un ohonom gael ambell i 'ynys' mewn bywyd.

Meddyliwch am ynys fel **lle i encilio**. Pan feddyliwch chi am yr ynysoedd sydd ar arfordir y gorllewin i ynys Prydain, a mynd yn ôl ymhell, bell i'r hen amser, fe welwch mai llefydd i saint encilio iddyn nhw oedd yr hen ynysoedd yma. Rhwng Penmon a Chaergybi, rhwng cartref Seiriol Wyn a Chybi Felyn, mae 'na tua 60 o lannau ar Ynys Môn. Mae llawer iawn ohonyn nhw yn dwyn enw rhyw sant neu'i gilydd, yn union fel yr ardal yr ydwi'n byw ynddi hi – Llan-sadwrn.

"Ynys yw Môn o ennaint,
Ynys yw yn llawn o saint".

Ychwanegwch at hynny eto yr holl gapeli a gododd yr Ymneilltuwyr yma. Pan symudais i yma i fyw ynghanol y '50au, roedd gan fy enwad i'n unig dros 80 o gapeli yma, a mae 'na dros 70 o hyd. Does dim rhaid imi ddweud wrth neb bod amlder y mannau encilio, a'r defnydd crintach ohonyn nhw, wedi mynd yn broblem ar Ynys Môn fel ym mhobman arall. Mae hi'n broblem i bobl llan a chapel fel ei gilydd; mae cau adeiladau wedi dod yn anochel – y mae cadw cynifer ohonyn nhw ar gyfer cyn lleied o ddefnyddwyr yn gwbl ddi-synnwyr.

Ond nid dyma'r lle, na'r achlysur, i sôn am broblem adeiladau. Er hynny mae o yn lle i ddweud un peth: beth bynnag ydi'r ateb i broblem yr adeiladau, mae'n bwysig inni gadw mannau encil i bobl, ac y mae'n bwysig inni feithrin yr arfer o encilio. Mae bob amser angen gwerddon ynghanol diffeithdra, mae angen ynys i encilio iddi am ennyd. Rydw i'n gweld arwyddion pryder erbyn hyn am bod y mannau a'r arfer yn peidio. Yn ddiweddar iawn fe ddywedodd un o esgobion Eglwys Loegr y byddai rhannau gwledig ei esgobaeth o ar fyr o dro yn gwbl baganaidd – a'r rheswm, y cyfleusterau i encilio a'r arfer o droi o'r neilltu wedi darfod. Rhybudd difrifol iawn oedd un Archesgob Caergaint, pan ddywedodd o nad oes yna ragor nag un genhedlaeth na fydd yr Eglwys wedi diflannu.

Un ochr i'r darlun ydi hwn; ac un set o arwyddion ydyn nhw. Mae 'na ochr arall, ac y mae 'na set arall o arwyddion – arwyddion sy'n dweud yn glir ac yn gry bod arnom ni angen ynysoedd i encilio iddyn nhw. Dyma rai o'r arwyddion –

– mwy a mwy o bobl yn sigo dan straen byw, yn rhedeg i bob man i chwilio am gymorth, ac yn rhy aml o lawer yn troi at y ffug a'r ffals;
– safonau dynoliaeth dda a gwâr yn suddo'n ddwfn ac yn gyflym o'n cwmpas ni;
– strwythur cymdeithas yn newid, a phobl yn ymbalfalu'n ddryslyd yng nghanol darnau'r hen ac anghynefindra'r newydd.

Beth mae'r arwyddion yna'n ei ddweud? Crefu'n daer y maen nhw am inni ymbwyllo – am inni droi o'r neilltu weithiau i holi a chwestiynu, i gymryd cyfle i ystyried ac ail-edrych ar bethau. I ddefnyddio jargon fodern – mae angen inni'n gyson wneud amser i ofyn rhai cwestiynau sylfaenol – Pwy ydw i? Be dwi'n ei wneud? I ble rydwi'n mynd? Beth ydi bywyd? Beth ydi diben byw?

Gadewch inni gofio dwy adnod o'r Ysgrythur – "Yr oeddwn yn llawen pa ddywedasant wrthyf, 'Gadewch inni fynd i dy'r Arglwydd'", ac am Iesu fe ddywedir, "Ond byddai ef yn cilio i'r mannau unig ac yn gweddïo".

Meddyliwch eto am ynys fel **lle i edrych allan**. Does raid ichi ond edrych allan o faes yr Eisteddfod i ddeall y pwynt hwn. Wrth eich traed yn y fan yma yn y Traeth Coch y mae'r môr, a draw yn y fan acw y mae mynyddoedd Eryri. Wrth deithio'n ôl oddi yma i gyfeiriad y ddwy bont, fe gewch chi olygfa ryfeddol – cadwyn o fynyddoedd yn ymestyn o drwyn yr Orme i drwyn yr Eifl, a draw ymhellach na hynny at fryniau gwlad Llŷn. Roedd Bedwyr Lewis Jones, medda fo, o ymyl ei gartre yn Llaneilian yn gweld draw at Ynys Manaw, a thu draw i'r fan honno wedyn yn gweld rhai o gopaon Cumbria; yna wedi troi ei olygon reit ar draws y môr gallai weld bryniau gogledd Iwerddon. Fedrwch chi ddim edrych i lawr mewn lle fel hwn; mae'n rhaid edrych i fyny, codi golygon, dyrchafu llygaid i'r mynyddoedd yn llythrennol felly.

Mae angen ambell i ynys mewn bywyd er mwyn cael cyfle i edrych allan ac i godi ein golygon. Does 'na ddim byd mwy diffaith, a di-weld a di-ddychymyg na byw gyda thrwyn i lawr at y ddaear o hyd. Ac mae 'na lawer gormod o bobl yn byw felly – yn gweld dim byd oll ond yr hyn sydd o'u cwmpas nhw, yr hyn sydd dan eu traed nhw yn y fan yma – bwyd, diod, cyfforddus-rwydd, pleser, gwyliau a rhyw joch fach o ddiwylliant bob hyn a hyn – a dim byd mwy na hynny. Byw ar un gwastad y mae nhw – gwastad y corff, gwastad mater, neu, fel y mae'r Apostol Paul yn dweud yn y Testament Newydd, 'byw ar wastad y cnawd'. Mae 'na fwy i chwi a mi na hynny; mae 'na wastad uwch o fyw – mae 'na lefel arall o fywyd; yn ôl Paul 'gwastad yr ysbryd' ydi hwnnw. Mae'n rhaid codi'n golygon ac edrych allan i gael y bywyd hwnnw.

Nid wyf yn dilorni pobl yr un gwastad; 'rydw i'n meddwl fy mod i'n deall beth sydd wedi digwydd iddyn nhw. Wedi gwrthryfela y maen nhw yn erbyn hen syniadau cyntefig am Dduw a'r byd ysbrydol; maen nhw wedi gwrthod hen ddarlun-iau plentynnaidd – ac atgas, yn wir, rai ohonyn nhw. Eu teimlad nhw ydi mai'r unig beth i'w wneud ydi gwrthryfela a gwrthod. Ond mae 'na ddewis arall – cydio yng nghraidd y peth, a'i ddwthat o mewn ffordd wahanol – yn ffres, yn gyfoes ac yn anturus. I wneud hynny, y mae'n rhaid wrth asbri, dychymyg a gweledigaeth. A tydi'r weledigaeth yma ddim i'w chael wrth gadw pennau i lawr a thrwyn at y ddaear; mae'n rhaid wrth ynys i edrych allan a chodi golygon.

Rhywbeth fel yna sydd yng ngeiriau cofiadwy merched Caergaint yn y ddrama *Lladd wrth yr Allor*:

> "a ninnau'n dal i fyw,
> byw a lledfyw".

Mae nhw'n dal i fyw – yn dal i wnued y pethau cyffredin, arferol –

> "casglu tanwydd gyda'r nos,
> codi rhyw esgus o loches
> i gysgu a bwyta ac yfed a chwerthin".

Stori sy'n cael ei hail-adrodd ydi hi. Rydan ninnau'n dal i fyw, ac i wneud y pethau arferol; ond bywyd y gwastad is ydio, ac am hynny 'lledfyw' ydio. A'r trychineb ydi bod cymaint o bobl yn methu gwahaniaethu rhwng lledfyw a byw. I fyw, mae'n rhaid codi i wastad uwch; rhaid cael 'ynys' i edrych allan ac i godi golygon; yn hynny y mae cyfrinach byw. Wrth beidio ag edrych allan, a chadw wyneb at y ddaear a thrwyn at y pridd, lledfyw yr ydan ni.

Meddyliwch eto am ynys fel **lle i godi pontydd**. Rydw i wedi cyfeirio'n barod at y ddwy bont sy'n dwad â chi drosodd yma. Mae meithrin cysylltiadau â'r byd o'r tu allan wedi bod yn rhan gyfoethog a rhamantus o hanes Ynys Môn – y fferi fach yn croesi'r Fenai i Gaernarfon, y Felinheli a Bangor; yr hanesion di-ddiwedd am helyntion yr hen forwyr a chapteiniaid o Fôn a fyddai'n hwylio'r moroedd; y Goits Fawr, wrth ddod at bendraw ei thaith o Lundain, yn croesi pont grôg Telford; ail-lunio pont Britannia ar ôl ei dinistrio gan dân. A dyma ni bellach yn nyddiau'r llongau newydd cyflym o Gaergybi i Ddulyn ac yn dechrau gweld llwybr y ffordd newydd lydan ar draws yr ynys i Gaergybi. Mae byw ar ynys fel hon yn golygu ein bod yn dibynnu'n drwm ar gysylltiadau effeithiol â'r byd o'r tu allan; mi fyddai byw yma'n amhosibl heb gysylltiadau, heb godi pontydd o bob math.

Ac y mae'r un peth yn wir am fywyd yn y byd hefyd; mae hi'n amhosibl byw heb bontydd. Dyfyniad â thipyn o ôl traul arno bellach ydi hwnnw o waith John Donne, diwinydd a bardd o'r 16eg ganrif:

"'Dyw neb yn ynys gyfan gwbl ar ei ben ei hun; mae pob dyn yn rhan o gyfandir, yn perthyn i'r tir mawr".

Amhosibl – uffern annioddefol – fyddai ceisio bod yn ynys heb gysylltiadau.

Y sefyllfa amhosibl yma a ddarlunnir gan William Golding yn ei nofel ryfeddol *Lord of the Flies*. Criw o fechgyn ifanc sydd yna wedi eu gadael ar ynys gwbl unig, heb unrhyw fath o gyswllt â neb na dim o'r tu allan. Yn fuan iawn mae nhw wedi rhannu'n ddwy garfan – un garfan yn meddwl mai'r peth pwysicaf ydi cadw tân ar ben y mynydd i drio galw sylw, a'r garfan arall yn meddwl mai'r peth pwysicaf ydi hela i gael cig i'w fwyta. Mae 'na dyndra cynyddol rhwng y ddwy garfan, ac i wneud pethau'n waeth mae 'na fwystfil yn llechu'n llechwraidd yn y cefndir. Y diwedd fu iddi fynd yn ymladd ac fe fu 'na ladd. Y rheswm am y sefyllfa anhapus ac ymladdgar yna oedd eu bod nhw ar eu pennau eu hunain, heb gyswllt â'r byd o'r tu allan.

A does dim yn lladd ysbryd rhywun yn fwy na gweld pobl o hyd ac o hyd yn mynnu dryllio perthynas â phobl eraill – yn chwalu'r pontydd ac yn dryllio'r dolennau cyswllt. Mae'n sicr na fyddai pregeth yn Eisteddfod '99 ddim yn gyflawn heb gyfeirio at y mileniwm. A does dim byd mwy sobreiddiol na'r hyn a ddywedodd rhywun yn ddiweddar am ganrif olaf y mileniwm hwn:

"Fu 'na erioed ganrif â chymaint o dywallt gwaed ynddi, na'r un ychwaith gyda chymaint o ffoaduriaid".

Rydan ni'n groffen yr ail fileniwm ar nodyn o fethiant trychinebus yn ein perthynas â'n gilydd; stori methiant ydi hi o ddyddiau'r Rhyfel Mawr hyd ddyddiau'r rhyfel diweddar yn Serbia, y rhyfel rhyfedd hwnnw, yn ôl rhywun, a gychwynnodd gyda dau nod, ac a orffennodd heb gyrraedd yr un ohonyn nhw.

Ond mae 'na rym sy'n creu cysylltiadau ac yn codi pontydd:

"Ef yw ein heddwch ni. Gwnaeth y ddau yn un . . . wedi chwalu trwy ei gnawd ei hun y canolfur o elyniaeth oedd yn eu gwahanu . . . trwy'r groes, trwyddi hi fe laddodd yr elyniaeth".

Pontio y mae Crist, ac ar bontio y mae dyfodol y ddynoliaeth yn dibynnu.

Fe ddywedais ar y dechrau nad oedd raid imi godi testun o'r Beibl. Rydw i am newid fy meddwl ar y diwedd yma, ac am awgrymu adnod o lyfr yr Actau (27: 26): **Ond y mae'n rhaid i ni gael ein bwrw ar ryw ynys.** O'i haralleirio yr hyn y mae hi'n ei ddweud ydi bod yn rhaid inni gael ambell i ynys mewn bywyd:

– yn lle i encilio – cydiwch ymhob cyfrwng encil;
– yn lle i edrych allan – gwyliwch rhag y bywyd cul, un gwastad;
– yn lle i godi pontydd – osgowch bob temtasiwn i'w chwalu nhw.

✦ ✦ ✦

Emynau: 'Mawrygwn Di, O Dduw' (W. Rhys Nicholas)
878 'Mawl fo i'r Arglwydd, sy'n Frenin gogoniant a mawredd'
867 'O tyred i'n gwaredu, Iesu da'

Darlleniadau: Jeremeia 31: 10-13; Actau 27: 13-26; Datguddiad 1: 9-18

Gweddïau:

I

*Ein Tad, wrth inni droi atat Ti yn awr, rydan ni'n sylweddoli bod gennym ni wahanol ddulliau o feddwl amdanat Ti, am ein bod ni'n credu dy fod Ti'n ein cyfarfod ni mewn amrywiol ffyrdd; rwyt Ti'n dod atom ni ymhob peth a thrwy bob peth. Heddiw, fel ar hyd yr oesau, rydan ni'n meddwl amdanat Ti fel Gwaredydd; yn Iesu Grist Gwaredwr wyt Ti i ni. I lawer iawn o bobl Duw sy'n dangos ei ddaioni yn y byd o'n cwmpas ni wyt Ti; yn ei brydferthwch a'i lawnder y mae pobl wedi dy weld Ti ac wedi dy foliannu Di.*

*I ni'r bore arbennig yma, rwyt Ti'n Dduw sydd i'w weld mewn llawenydd a dathlu. Rydan ni yma'n llawenhau am fod yna gymaint o bobl yn ein gwlad fach ni sydd wedi eu donio â'r gallu i greu:*

144

- *creu trwy ddefnydd o liw a llun a thrwy fowldio ffurf a siâp;*
- *creu trwy feistrolaeth ar eiriau, eu defnyddio'n gain a'u cyplysu'n newydd ac yn fywiog;*
- *creu trwy gordiau cân ac offeryn, a'u clymu i roi melystra i'r glust a thangnefedd i'r enaid;*
- *creu trwy ddychymyg a menter i ddehongli, boed ar lafar, ar gân neu mewn dawns,*

*Rydan ni'n llawenhau ac yn diolch i Ti am y doniau rhyfeddol yma y cawn ni fwynhau eu ffrwyth yn ystod yr wythnos yma.*

*Rydan ni yma hefyd, ein Tad, yn dathlu:*
- *dathlu'r ynni a'r bywyd byrlymus sy'n perthyn i'n cenedl ni;*
- *dathlu'r etifeddiaeth deg ac amrywiol a roddwyd inni;*
- *dathlu'r gwarineb a'r diwylliant sy'n dreftadaeth i ni.*

*Wrth inni fel hyn lawenhau a dathlu, helpa ni i drysori ac i werthfawrogi; helpa ni i gydio yn yr hyn a gawsom a'i wthio ymlaen i fod yn llawenydd ac yn falchder inni. Gwrando ein gweddi, yn Iesu Grist ein Harglwydd, Amen.*

II

*Ein Tad, gwrando ni yn awr wrth inni ddiolch i Ti am bob llecyn golau sydd mewn bywyd, am bob ynys i droi iddi am gysgod ynghanol llifeiriant, am bob gwerddon i'n hadfywio ni ynghanol diffeithdra. Ein gweddi yn awr, ein Tad, ydi gofyn i Ti agor ein llygaid i sylweddoli beth sy'n digwydd yn y byd o'n cwmpas ni ac i gydio yn y gwerthfawr a'r cadarn.*

*Rydan ni'n gwybod yn rhy dda gymaint o gasineb ac o atgasedd sydd rhwng pobloedd yn ein byd ni. Rydan ni'n cael ein syfrdanu gan y creulonderau anifeilaidd a chan y lladd a'r tywallt gwaed anghyfrifol sydd yn digwydd yn ein byd, a hynny am fod pobl yn methu tyfu i fyny ac aeddfedu. Ond rydan ni yn diolch hefyd bod yna ambell i ynys o dangnefedd a gobaith; diolch bod yna bobl sy'n barod i estyn llaw mewn cyfeillgarwch, i herio hen gasinebau ac i fentro camu gyda'i gilydd i gyfeiriad newydd.*

*Rydan ni'n sylweddoli fwyfwy, ein Tad, gymaint ydi'r newid* cyflym sy'n digwydd o'n cwmpas ni; mae popeth fel pe'n symud, a hynny ar garlam, a tydan ni ddim yn siwr beth sydd o'n blaenau ni, na sawl gwaith y bydd yn rhaid inni ail-gyfeirio ein bywydau. Ond rydan ni'n diolch i Ti bod yna rai pethau sy'n sefydlog er pob newid, sy'n aros er pob symud. Helpa ni, ein Tad, i ddal gafael yn y pethau hynny.

Rydan ni'n gwybod, ein Tad, gymaint o ddylanwadau diarth ac annymunol sy'n pwyso arnom ni. Mae 'na arferion estron yn ceisio eu gwthio'u hunain arnom ni; mae 'na arferion gwael ac isel yn ceisio'n hennill ni. Ond diolch i Ti bod yna o hyd gaer i wrthsefyll y dylanwadau, bod yna ynys ynghanol y llifeiriant.

Gofyn yr ydan ni, ein Tad, a wnei Di ein helpu ni, ein harwain ni a rhoi dy nawdd drosom ni. Yn Iesu Grist, Amen.


III

Ein Tad, rydan ni'n diolch i Ti yn awr am bob goleuni a gawn ni i'n harwain ac am bob gweledigaeth sy'n ein hysbrydoli ni. Fe gyfaddefwn mai ymlwybro'n araf ac ymbalfalu'n ddryslyd a wnawn ni'n aml, ac y mae'n rhaid inni wrth weledigaeth.

Tydan ni ddim yn siwr iawn bob amser, ein Tad, beth ydi diben ein byw yn y byd; rydan ni mor aml yn ddi-gyfeiriad, ac yn gadael i bethau gymryd eu siawns; rydan ni'n ddi-gic ac yn ddi-sbardun am nad oes gennym nod i'w gyrraedd na llyw i'n cyfeirio. Mae arnom angen gweledigaeth i ddod â'n bywyd at ei gilydd, i symud efo'i gilydd yn ystyrlon ac i bwrpas.

Mae'n rhaid i ni gyfaddef, ein Tad, nad ydan ni ddim yn siwr bob amser pa bethau sy'n bwysig a pha bethau sy'n ddibwys. Yn rhy aml o lawer rydan ni'n dyrchafu'r isel, yn rhoi gwerth ar y gwael ac yn mawrhau'r salw; rydan ni'n darostwng y gwerthfawr, yn iselhau'r pethau sy'n cyfrif ac yn dibrisio'r pwysfawr. Rydan ni angen y weledigaeth honno all ein helpu i ddidol y grawn oddi wrth yr us, y gwerthfawr oddi wrth y gwael. Mae'n rhaid inni gyfaddef, ein Tad, nad ydan ni bob amser ddim yn siwr sut i ddelio efo'n gilydd; rydan ni'n rhy aml o lawer yn amheus o'n gilydd, yn tueddu i ddilorni ac iselhau eraill; rydan ni'n rhy aml yn cael ein dryllio gan wenwyn a chenfigen; rydan ni'n rhy aml yn fychan a phlentynnaidd ein hymddygiad.Mae arnom ni angen gweledigaeth – gweledigaeth fydd yn ein codi i dir o gyfeillgarwch a chariad, gweledigaeth o'r peth hwnnw ynot Ti sy'n ein clymu wrth ein gilydd, y we gynnes honno sy'n ein lapio ni wrth ein gilydd.

Helpa ni yn awr i ddod atat Ti gyda chalonnau agored, fel y gallwn ni dderbyn y weledigaeth fawr a roddwyd inni yn Iesu Grist. Amen.